斧谷彌守一 編

心の危機と臨床の知 3

リアリティの変容？

身体／メディア／イメージ

新曜社

編者まえがき

日本における携帯電話が七八四〇万台を超えた（二〇〇二年十一月現在）。携帯電話やパソコンでインターネットに繋がっている人の数もほぼ同数に近いだろう。二〇〇二年四月にパソコンの累積出荷台数が世界で十億台目を超えたそうだ。二〇〇二年のゲーム機の出荷は四五〇〇万台を超えるという。とどまるところを知らぬ電子メディアの増殖。コンピュータは高速なデジタル情報処理によって、いとも簡単に地球の裏側にアクセスすることを可能にし、いとも簡単に目もあやなヴァーチャル空間を出現させる。我々が棲み込む現実空間は根本的に変容しつつあるのか。

一九八二年にピーター・ラッセルが予言した「グローバル・ブレイン」が早くも実現しつつあるのか。「グローバル・ブレイン」というコンセプトによれば、地球脳と人間脳は融合することになるのだが。地球規模で出現してきた、インターネットによるサイバースペース（電脳空間）は、まさしくピーター・ラッセルの言う「グローバル・ブレイン」そのものなのだろうか。すると、生身の心と体のアナログな感覚はもはや旧《ふる》いのか。電脳空間を軽々と浮遊する新しい心のあり方が形成されつつあるのか。子どもたちがテレビゲームに没入することによって、ヴァーチャル空間と現実空間との混同が起きる、と言われるようになって既に久しい。少年犯罪について、「ゲーム感覚」が指摘される場合が増えている。心はヴァーチャル・リアリティに呑み込まれていくのか。

ここ数年来、電子メディアの爆発的増殖によって「IT革命」が起こりつつあり、現実のリアリティが根本的に変容しつつある、という議論が蔓延してきた。一般の人にも、何となくそういう意識にとらわれ、過度の期待や不安を抱いている向きも多い。他方では、このところ、日本語力や身体感覚の復権を唱える議論も盛んになってきている。本書は、「IT革命」「サイバースペース」「ヴァーチャル・リアリティ」と言われるものによってリアリティは本当に根本的に変容しつつあるのか、という問題意識から出発している。本書のタイトル『リアリティの変容?』に疑問符が付してあるのは、そのせいである。

そのような問題意識のもとに、甲南大学学術フロンティア共同研究プロジェクトの一環として、数回の研究会を経て、二〇〇一年七月、哲学、美学、臨床心理学、アートなどの異なった分野のパネリストにお集まりいただき、「リアリティの変容?――電子メディア/アート/セラピー」というシンポジウムを甲南大学で開催した。本書は、精神医学や消費者心理学などの新たな執筆メンバーにも加わっていただき、そのシンポジウムを更に発展させたものである。

「リアリティの変容?」というテーマは容易に答の出る問題ではないが、全体として類書にはない視点を提示し得たのではないかと思う。ただ、微妙にスタンスの異なる異分野の方々にご執筆いただいたので、読者は、本書全体の見通しを見失いがちになるかもしれない。「編者あとがき――『世界』の波動を受容する器としての心身」で、全体的な見取り図を示しておいたので、ご参照いただけるとありがたい。一見ばらばらに見えるかもしれない各論考の底流に、デジタル情報処理と生身のアナログな心身感覚との関係性という問題が一貫して流れているのである。

斧谷 彌守一

リアリティの変容？

目次

装丁　小林　元

第一部　身体と空間

生成する空間

KOSUGI＋ANDO

一、浮遊するリアリティ

「浮遊するリアリティ。こんな言葉から話を始めようと思うんだけれど、どうだろうか？」

「浮遊するリアリティ？　現実というものが浮遊している？　それとも、現実から私たちが遊離している、そういう意味なの？」

「うーん。というよりは、リアリティという文字が無数に漂っている、そんな感じ。リアリティという言葉が、それこそ実質を持たずに浮かんでいる。ほら、誰かのメディア・アート作品にあったでしょう、HMD（Head Mounted Display）とデータグローブをつけて体験することのできる、いわゆるヴァーチャル・リアリティ（VR：Virtual reality）の作品。コンピュータで生成された仮想の部屋の中をいくつかの単語が通り過ぎていくという。あんな風に、REALITYという文字列だけが、明滅しながら漂っている……」

「ふーん、でもそれって結構リアルなイメージよね」

リアリティという言葉が浮遊している。そのように感じられる理由の一つは、「リアリティ（現実感）」への奇妙な、近づきがたさである。リアリティを意識しようとした途端、何かしっくりこない、現実感が希薄になっていくような感覚に陥ってしまう。例えば、それは「3Dステレオグラム」における立体視のように、ぼやっと遠くに視点を彷徨わせると画像が浮かび上がってくるのだが、見ようとした途端、点の集まりになって画像を見失ってしまう感じに似ている。それは、意識化を巧妙に免れる「自然な自明性」と言えるものなのかもしれない。ドイツの精神病理学者、W・ブランケンブルクは、その著『自明性の喪失』の中で、分裂病患者アンネの次のような言葉をあげている。

——私に欠けているのは何なんでしょう。ほんのちょっとしたこと、ほんとにおかしなこと。大切なこと、それがなければ生きていけないようなこと。家でお母さんとは——ただその家の人だというだけで、ほんとにそこにいあわせているのではないのです。——なにもかも人工的になってしまいます。なにもかもなくしてしまわないように、いつも気をつけていなくてはならなくなったのです。……私に欠けているのは、きっと自然な自明さということなのでしょう。(1)

アンネに欠けているのは、健康者には自然な自明性として与えられている、世界とぴったりとあるいはしっくりと、といった言葉で表される現実感覚である。彼女は決して幻覚や非現実の世界にいるわけではない。分析医が彼女に、自分自身や自分の身体、あるいは外界の事物がどこか非現実に思われないかと尋ねても、彼女はいつもそれを打消して、「現実的です。現実性を疑ったことは一度もありません」と答える。あたりまえのこととして与えられているはずの現実感を彼女は、〈意識的に〉獲得しようとするが、かえってそれは、「ぎこちなさ」や「居心地の悪さ」となって彼女の心をくたびれさせてしまうことになる。

――むつかしいのは、なにがむつかしいかというと、どういったらいいのか――私にはそれがあたりまえのこととしてはできないのです。なにか変な感じなのです。無理をしてしなくてはならないのです。それで私の心がだめになってしまう、すっかりくたびれてしまいます。[2]

アンナのような分裂病者が、獲得しようとしても手に入れることのできない自然な自明性、反対に健康者にとっては取るにたらないものという仮面の下に隠れ、注意をそらし、意識化に対して執拗に抵抗する自明なものの自明性。W・ブランケンブルクは、分裂病者の「疎外」と現象学的「エポケー（自然的判断の停止）」とを対比させつつ語っていくのだが、現象学者でも心理学者でも哲学者でもなく、むしろ分裂病患者アンナに近いスキゾフレニックな〈語りの場所〉にいる私たちとすれば、ここではアンナのいくつかの言葉をパン屑のように道に置き去りにしつつ、森の奥の「おかしの家」に向かうというのが妥当かもしれない。

「ねえ、グレーテル。世界にぺっとり貼り付いた感じが、意識化からは奇妙に逸らされている……。それは身体と結びついているような気がするんだ。君はどう思う?」「ヘンゼルったら、ぺっとりでなく、ぴったりでしょ」（口のまわりをべっとりチョコレートでぬらしながらグレーテルはたしなめる）

ところで「リアリティ」という言葉は「現実」を指しているのだろうか、それとも「現実（感）」を指しているのだろうか。辞書でひけば「リアリティ」は「現実、実在」であり、「現実感」は“a feeling of reality”ということになる。しかし、「あの人の話はどうもリアリティがない」とか、「最近、生活にリアリティを感じられないんです」といった会話を聞くと、むしろ日本語の「リアリティ」は、現実感や現実みといった意味合いで使われていることが多い。ここでは客観的な現実、あるいは物理的な現実というものをいったん括弧に入れたうえで、むしろそれらの現実を生み出している〈現実感〉によりそっていきたいと思う。

「ねえグレーテル。この本のテーマは、たしか『リアリティの変容？』というものだったよね。それは、様々な電子メディアやヴァーチャル・リアリティなどの技術の発達やパーソナル化によって、私たちのリアリティが徐々にあるいは急速に変化してきているのではないか、という問いかけとして投げかけられている。でもそれが、どうも僕にはしっくりこないんだ。『変容？』と疑問符がつけられているところからみると、私達のリアリティはそれほど変化していないという可能性も示しているのだろうけれど、そこで前提とされている『リアリティ』が何だか分からない内に、それが変容する、あるいはしない、という話になってしまうような気がしてならないんだ」

「ヘンゼルったら、それなら内緒で疑問符の位置をずらして、『リアリティ？の変容』ってことにしたらいいじゃない。何なら少し長くキーボードを押し続けて『リアリティ？？？？？の変容』というのはどう？」

二、夢の話——夢の中の身体と空間

「私、こんな夢を見るんです」——つい最近のことなのだが、食事の後の何気ない雑談の中で、友人の一人がふと思い出したように語り始めた。それは、誰もが経験したことのある「以前見た夢をまた見る夢」、あるいは「同じ場所に帰る夢」の変形ヴァージョンともいえる夢である。考えてみれば、夢の中で「もう一度、同じ場所に戻る」ことによって、その場所は、日常世界とは異なる〈もう一つの場所〉として固定されていく。「ああ、この場所だ」、あるいは、「これは、いつか来たことのある場所かもしれない」という、ある種の懐かしさとデジャ・ヴュ（既視感）に似た感覚を伴って、その空間が立ち現れてくる。彼女のその夢は、幼い時分から十数年間、それが何度も繰り返されるというものである。そして、それが単に繰り返されるばかりでなく、少しずつ空間が広がっていくのである。「それは、最初は窓のない狭い部屋だったんです。何処かの家の一室のようだったんだけれど、どれくらいの大きさの家なのか、それともビルディングなのか、一階なのか二階なのか、地下室なのか何も分からなかったんです。でも、そこに行き、歩き回る度に、少しずつ他の部屋も見えてきて、今では、大体の家の間取りが描けるんですよ。次は一度、庭にでも出てみようかなと思ったり……」――ここで、面白いのは、夢の中のその場所に行く度に空間が広がり、視界が広がっていくということである。それは夢の中の彼女の歩く、あるいはドアを開くという行動によって促され支えられている。そして、さらに言えば、夢見る度に新しい空間が作られていくにもかかわらず、見ている本人には、あたかもその場所が昔から既に存在していたかのように振る舞っているということである。

この友人の夢には、夢の中の身体の移動とそれに伴いダイナミックに空間が形づくられていく様子が見てとれる。彼女が夢の中を歩き回り巡り歩くことで、空間が広がり、生み出されていく。身体の移動によって空間が広がっていくその様子からは、まるで幼児が自らの手足を伸ばしつつ探索行動を繰り返し、まわりの空間を認知していくといった理論を思い浮かばせる。しかし、夢の中で動き回っているのは、現実の生身の身体ではなく、夢の中の身体であり、架空の身体なのである。夢の中に、自ら触れることのできる確固とした身体があらかじめあるわけではない。だとすれば逆に、空間の探索行為自体が、夢の中の脆い身体性を支えているとは言えないだろうか。

三、飛ぶ夢――視覚の変化と身体感覚

今度は別の夢である。誰もが一度は見たことのある夢に、「浮遊する夢」というものがある。落ちそうで落ちない、あるいは落ちるという不安の中での飛ぶ夢。人によっては、飛ぶ技法をうまく手に入れることもある。両手を広げ、

体をうまく風に乗せること。でもあまり体に力を入れてはいけない。力を入れすぎると落ちてしまう。眼下には、都市や田園風景などが広がっている、でも下を見てはいけない。それは落下の始まり……。私たちは布団の上で懸命に体をもがき、自分の身体をコントロールしようとする。私たちは夢の中でも確かに身体を持っている。眼前の光景の変化を伴いながら、夢はある意味リアルな身体感覚を私たちに与えている。

　考えてみれば、具体的な身体の動きと眼球を介した知覚を遮断された夢においてこそ、光景＝視覚の変化と身体感覚の連続的な関係性が、ある意味、純粋なかたちであらわにされてくるとも言えるのではないだろうか。その著『生態学的視覚論』の中で、J・ギブソンは、身体行為を伴う見えの変化と空間の認知との関係を重視したのだが(3)、夢の中における空間の認知においても、身体の運動とその見えの変化が大きな意味合いを持ってくる。日常とは異なり、夢の中の空間というものが、それを〈見る〉以前に、あらかじめそこに存在していることがない以上、身体の運動とその見えの変化が、空間そのものを創りだしているといったふうに、その空間認知は行われるとは言えないだろうか。

　自らの身体感覚、見えの変化、空間と身体の定位の三者が、まるで三位一体のように同時に立ち現れてくる。もしかすると、夢の中で飛行するための一つの方法として、自分の身体を制御するのではなく、夢の中で見える光景を制御するといった方法をとることが可能かもしれない。眼下の屋根々々、ビルディングの光景を拡大しようとするのではなく……それでは落下する、眼下を過ぎ去り遠ざかり、小さくなる街の光景をイメージすること。あるいは、飛ぶ方向のかなたに、目標とする丘や建物が近づき、その肌理《きめ》が拡大する様をイメージすること。あるいは、ディテールがもっと細かくくっきりと見えるよう、架空のレンズの倍率を上げること。これは、ギブソン的夢見法と言えるかもしれない。冗談はさておいて、非現実な空間の代名詞とされる夢においてもなお、自らの身体のリアルさと光景の連続性、相関性は確保されている（夢の中で自分の頬を抓っても痛いことは痛いのだ）。言うまでもないが、ここで私にとって関心があるのは一般的な夢の構造や心理分析ではなく、夢の中の身体の運動とその空間の形成である。夢においてなお確保されている一個の身体と光景の相関性（interaction）は、様々なヴァーチャル空間の必須条件でもある。でも、なぜ、夢のなかでさえ、人は一個の身体しか持ちえないのだろうか。

四、サイボーグ中年のひとりごと――身体の変容

最近、中年といわれる年齢で自動車免許を取るため教習所というところに通うことになった。最初、ハンドルさばきがうまくいかないのだ。レーシング・ゲームでは感じない違和感をうける。「車は自分の見るところに進むのですよ。近くを見ていたらだめじゃないですか」と、注意を受けつつ四苦八苦しているうちになんとかカーブをうまく回れるようになってくる。その時身についたのは、車の運転（ドライブ）ではなく車としての身体感覚（エクササイズ）なのだ。自転車やバイクの運転では当たり前になってしまっていた感覚、幼児で初めて歩き出した頃の身体の制御の感覚を再び味わうことになったのだ。ハンドルを見るのではなく、車としての視線を手に入れること。新しい身体の大きさや動くスピード、行動の特性に合った視線を獲得する必要があるのだ。

こんな昔話がある。変化自在の巨大な鬼に食べられそうになった猫が、食べられる前に一言お願いする。「鬼さん、鬼さん、あなたは、何にでも変われる不思議な力を持っておられるそうですね。その不思議な力を死ぬ前にひと目見せてくださいな。ちいさなネズミになれますか？」鬼は鼠に変身し、後は猫の腹の中……。もちろん、鼠だってそんなに簡単に猫に捕まるわけはない。でも初めて鼠になり、エクササイズも足らない巨大な鬼は、瞬時には鼠としての身体感覚や視線をもちえない。下を見下ろし堂々とした鬼としての動きをもった、にわか鼠が猫につかまるのは当然のことだったのだ。

そう言えば、アン・マキャフリーの小説『歌う船』のヒロイン(4)、ヘルヴァは、中年ではなく、若い女性の頭脳船（Brain Ship）である。機械の助けなしには生きられない身体で生まれたヘルヴァは、金属の殻に身体を閉じ込められ、神経シ

ナプスを宇宙船の維持管理、走行の機械装置と接続されることにより、サイボーグ宇宙船としての身体を手に入れる。宇宙を航行する船としてのヘルヴァのイメージ、ヘルヴァが感じる巨大船としての自らの身体感覚は、ダナ・ハラウェイの『サイボーグ・フェミニズム』で増幅され、私たちに強烈なインパクトを与える(5)。

考えてみれば、スタンリー・キューブリックの映画『二〇〇一年宇宙の旅』に登場するメイン・コンピュータ「HAL」もまた、宇宙船ディスカバリー号に接続されており船としての身体性を持っていたはずであり、ヘルヴァの祖先とも言える。しかし映画の中で、「HAL」はあくまで宇宙船を制御するメイン・コンピュータのイメージしか観客に与えなかった。『博士の異常な愛情』や『ロリータ』、『フルメタル・ジャケット』など、キューブリックの一連の映像作品の一つの主題が〈男性性〉による狂気を扱っていることを考えれば、宇宙船という身体性を持ちえないコンピュータ「HAL」が男性性として設定され、狂った行動に走るというのは頷けないことではない。しかしこれはまた別の主題でもある。

ところで、ヘルヴァは夢の中でもやはり船の身体感覚を持っているのだろうか？　アンドロイドは電気羊の夢を見るというけれども、夢の中で彼、あるいは彼女自身が電気羊になり、羊の身体感覚を持つということはどうもありそうにない。夢の中は自由だと言うが、人間にとっては、夢の中でさえネズミやノミ、あるいはウィルスになるのはそんなにたやすいことではないだろう。

五、神の肉体

スピード・スケーターの清水宏保は、ある意味、現代のサイボーグと言えるかもしれない。もちろん、彼は、生身の人間であるが、まるで自らの肉体を機械のように整備し、改造する。吉井妙子は、清水宏保へのインタヴューを中心に、ＺＯＮＥと彼女が名付けた領域に達するスポーツ選手の意識状態をその著『神の肉体・清水宏保』で語っている。その中で、清水の言葉をこうしるしている。

――筋肉の破壊だけでいうなら、何も無酸素系のトレーニングをしなくたって、強い電気ショックを与える等して機械的にできないこともないんです。しかし筋肉だけを破壊し再生させ進化しても同時に筋肉を支配する脳も変容させていなければ意味がない。いくら筋肉を強化しても脳の指令の限界値が低ければ筋肉も低いレベルで留まってしまう。辛いトレーニングは脳も変容させるので能力の限界を押し上げることになるのです。(6)

最近はやりの筋肉強化腹巻きは、プールサイドで寝そべりながらでも電気刺激で筋肉を鍛え上げるが、それ相応の脳を与えることがないということであろう。前述の、にわか鼠になった鬼と一緒で、単にみかけだけの筋肉質男、筋肉質女では、いざという時はたよりにならないということだ。与太者に睨みつけられれば、電気刺激製筋肉隆々の彼や彼女は出腹、肥満体の自分に戻ってしまい縮み上がってしまう。彼らの手に入れた肉体は、一種ヴァーチャルなものといってよいのかもしれない。実戦には無理があるのだ。

では、その逆はどうだろうか。コンピュータ・ゲームの中では、かるがると塀を飛び越える身軽な身体を持ち、敵との戦いで連戦連勝の私は、散歩途中で通りかかった小川の岸で、その川を飛び越すための助走距離をふと考えてしまっている。もちろんやりはしない。私はゲームの中のローラのような鍛え抜かれた筋肉を持合わせてはいないからだ。

ここで、清水宏保の言葉をもう一度、同著から引きたい。

――『一点を見ているようで全体を見ている。だから全体がぼやけてしまう。――全体を見ているんだけど、一点がフォーカスされたように浮き彫りになっている』、最高のパフォーマンスが発揮できた時は、周りから音が消え、真空管の中に閉じ込められたような感じになって、滑るべき光のラインがあらわれると清水はいった。(7)

これは、吉井がZONEと名づけた状態の身体感覚である。自動車の高速運転の際、視界が狭まることは知られており、それを体験するものも多いが清水の視界は、その先を垣間見せてくれる。前節で身体の動きと空間が同時に立ちあらわれる夢の話をしたが、清水の場合は、スピード・スケートという競技の場面で、高速に滑り抜ける身体と空間とを同時に「切り出し」、生み出しているのである。

六、二つの世界——忘れること

最初の友人の夢に戻ろう。そこで見られたのは、ある特定の夢の空間に何度も立ち戻るというイメージである。再び訪れること、あるいはそこに再び訪れることができるということが、その空間をもう一つの世界として自律させていく。夢から醒めても「そこ」と呼べる空間がある。私がそこにいなくても、その空間が存在するという感覚、それはコンピュータの仮想環境であるヴァーチャル・リアリティ（virtual reality）を支える一つの要素「自律性（autonomy）」にも結びついている。

仮想の空間に何度も立ち戻る、あるいは迷いこむこと。多くのSF映画とともに思い出されるのは、イギリスの童話作家C・S・ルイスの『ナルニア国ものがたり』である。(8)『ライオンと魔女』から『さいごの戦い』に至る全七冊からなるこの物語は、イギリスの郊外に疎開した四人の兄弟姉妹が、古い衣装箪笥の中から、一種のパラレルワールドとも言える「ナルニア国」に迷いこむ場面から始まる。一冊目の冒険の最後には四人の兄弟は再び日常世界へと戻ってくることになるのだが、他の巻で、再び「ナルニア国」に迷いこむことになる。この本を最初に読んだのは、小学校の頃だろうか。七冊の本は、一ヵ月程度の期間をおいて一冊ずつ送られてきた。ある一定の期間をあけて再び本を開き物語の時間に入り込むことは、登場人物たちが再びナルニア国に迷いこむことと重なり合っていたのである。ある意味、仮想の空間に立ち戻っていたのは、四人の兄弟だけではなく、配本を心待ちにしていた私たちであったのかもしれない。

ファンタジーを『指輪物語』など架空世界の出来事を描くハイ・ファンタジーと、現実世界に超自然的な力が進入するロー・ファンタジーに分類した文学批評家がいるが、『ナルニア国ものがたり』など、二つの世界の往還や共存が物語の中で描かれるファンタジーは、一種のメタ・ファンタジーと言えるかもしれない。

『ナルニア国ものがたり』では、二つの世界それぞれの時間の流れは異なり、こちらの世界の一瞬の出来事が、向こうの世界の数十年にあたるというようなことが起こってくる。巻によっては、昔の出来事が物語られるのだが、ナルニア国の過去は、やはりこちらの世界の過去であり、両者の時間の流れが交錯することはない。時間軸においてもパラレルに二つの世界は存在している。浦島太郎の物語、桃源郷の物語、あるいは『不思議の国のアリス』など、二つの世界の時間の速さが異なる昔話や童話は数多い。それぞれの世界で時間は伸び縮みしているのだが、それぞれの時間の連続性は保障されている。しかし、何がその連続性を保障しているのか、「不思議の国のアリス」の懐中時計を持って走り回る白ウサギの役割は、誰が受け持っているのだろうか。そして、夢の中の時間もまた、……夢の中に世界時計はないのだが、夢見る私とともにつくられていく。

ナルニア国の兄弟姉妹たちは、ナルニア国の時間の流れの中で、もう一つの世界(=日常の世界)を夢のようなものととらえはじめる。そしてナルニア国の王子や王女となり、次第にそれを記憶の底に沈めていく。一つの世界の住人であること、ある世界に没入するためには、もう一つの世界の住人であることを忘れることが必要なのである。

様々な神話や物語において、ドアや穴など異界への導入装置や脱出装置とともに、忘れるための装置が配置されている。食すること、飲むこと、交わることなど、なぜか身体を介するこれらの装置は、ある別の世界でのリアリティを保障する忘却装置として機能している。しかし考えてみれば、これらの装置を必要とせずとも、毎夜の夢の中で人はいともたやすく日常の自分の場所を忘れてしまっている。

七、夢の中の身体……、でも、なぜ、一個の身体なのか

夢の中で、人はいともたやすく日常の自分の場所を忘れ、様々なものに変化することが可能だ。男性に女性に子供、老人に。また、同じ夢の流れの中で誰かを追っていた殺人者から、追われる被害者へと急激な視線の変化とともに役割の移行に出会うこともある。しかし、驚きながらもその移行をいともたやすく引き受ける。しかし、それほど荒唐無稽な夢の中でさえ、同時に複数の身体、複数の視線を持つことはできない。なぜ一つの身体なのか。夢の中で、夢見る主体はその身体の運動とともに夢の空間を形成していく。夢の中を動き＝見る〈誰でもない身体〉が空間とともに同時に立ち現れる。その〈誰でもない身体〉の視座のもとに〈誰か〉としての〈わたし〉が呼び込まれる。

あまりにも鮮やかな夢からさめたとき、あるいは深すぎる眠りから急にめざめてしまったとき、一瞬、自分がいったい誰であるのかさえ思い出せないことがある。短期の記憶喪失。しかし、まわりを眺めるうちに、ゆっくり私の位置が定まっていく。誰でもないものから、子供になり、名を、性別を思い出し、目まぐるしく時間を前後しての私についての想起が起こり、今、ここでめざめたばかりの私に収斂していく。ほんの一瞬の内に。

レイ・ブラッドベリの小説『たんぽぽのお酒』の中で年老いたヒロインは、毎朝ベッドでめざめるときの辛い思いを語っている(9)。彼女は、めざめの微睡みの中、自らの老いた身体に立ち返る前には、露の降りた野原を、足を濡らしてさまよい歩くことを思い描くうら若い娘の身体を持っている。あるいは、日常の中でも電車の中の居眠りからさめ

て、自分が今、何をしていたのか、何処にいるのかを一瞬、思い出せないことは誰にもあるだろう。また、鬱や極度の不安感からの解放時、人は一瞬前の自分から今、ここの自分への変化に驚く。「今まで一体何をしていたのだろう。なんて酷い気分に陥っていたのだろう」と、今までの私が他人のように思われ、まるで旅行から帰ってきた時のようにまわりを見回す。その人にとっては、リアリティはさっきと今で変化してしまったのだ。しかし、酷い気分の中にあった私も、それを思い返す今の私も同じくリアリティを持っているのだ。どちらかのリアリティが間違っているのではない。リアリティを感じる主体としての〈わたし〉が、多層化し移ろっているだけなのだ。

〈わたし〉は、確固として固定されているものではない。いや、逆に揺らぐもの、忘却しつづけるものである。その忘却と揺らぎに満ち多層化する私を一つの〈誰でもない身体〉が繋ぎ止めている。逆に、一つの繋ぎ止める〈誰でもない身体〉があることで、人は多様なリアリティを持つことができ、可塑的で可能性に満ちた私であることができるのではないだろうか。

最初の節にあげた分裂病患者であるアンナの語った「自然な自明性」。その言葉を借りるなら、〈誰でもない身体〉とは「自然な自明性」としての身体と言えはしないか。それは、空間と同時に湧き起こる身体であり、「現実とぴったりあっている」という感覚の基盤となる「自然な自明性」としての身体である。「誰か」であってしまうこと、あまりにも「誰か」でありすぎることが、アンナの違和感をひきおこしているとは言えないだろうか(10)。

八、おかしの家へ——intermission

私たちは前節まで、リアリティ(現実感)を支え形づくるものへの問いかけから、身体行為に伴う見えの変化と空間の生成、エクササイズによって生み出される身体感覚の変容やイメージ・トレーニング、〈わたし〉の多層化などについて触れてきた。そこで見えてきたのは、一個の安定した主体が己の身体行為を通して確固とした空間に働きかけるという構図ではなく、むしろ身体行為(と外界の知覚の変化)によって、空間と身体が同時に切り出され、生み出されてくるといった構図である。この〈身体=空間〉としての〈誰でもない身体〉が、私たちのリアリティの可塑性を支えている……。

ところで、そういえば私たちは美術の作家ということになっている。絵や彫刻といったアウラ漂う恒久的な作品を制作するわけではなく、「仮設的な環境作品」とでも言ったらいいだろうか、「インスタレーション(installation)」と呼ばれる形態の作品を二十年近く作り続けてきている。九〇年代からは、コンピュータ、センサー等を使って観客の動きに反応するような作品を作ってきているのだが、美術館や画廊という場におけるある意味仮想的な空間作品は、私たちのリアリティが環境によって変化することを前提に、〈わたし〉の多様なリアリティの再編に向けて制作されてきたともいえる。

以下の節では、このような私たちの作品からいくつかをピックアップしたい。それらの作品は、ある一定期間、設置される場所や空間に応じてつくられたもので、現在何処かに存在するものではない。作品というものが、観客によって新たに再生産されていくものであるとすれば、それを見ていない者にとって、作者が語る作品とはまるで夢語りのようなものかもしれない。私たちが自らの作品について語る時の語りにくさもそこから生じているのだが、あえて夢語りの中から生まれる作品の姿から、一つの芸術表現としてのあり方を想像していただければと思う。

「ねえ、ヘンゼル。おかしの家はまだなの?」
「うーん、確かこっちの方だと思うんだけどなあ」
「ねえ、本当におかしの家ってあるの? あると思っているだけじゃないの? あったのになくなってしまったんじゃないの?」

「もちろん、あるに決まっているよ。忘れてしまったのかい、グレーテル」

（でも、本当にあったのだろうか？　あれは夢だったのではないだろうか？　……ヘンゼルはグレーテルの言葉に少し不安を覚えながらも、グレーテルに先を急がせる）

「うん、そうだこの道だ。ここをこう曲がって……」

（ふたりは、いつしか大きな泉のまえにでる）

九、鏡の泉――いくつかのインスタレーションから

アクタイオーンの夢

『アクタイオーンの夢』（一九八六年）

『アクタイオーンの夢』という私たちの初期の作品がある。物語を下敷きにした最初の作品であり、ギリシア神話にある月の女神ディアーナの物語とピエール・クロソウスキーの『ディアーナの水浴』が、そのモチーフとなっている。(11)作品の形態は美術館の一室全体を用いたインスタレーションである。泉に模した巨大な円形の鏡が砂を引きつめた床上に埋められ、それを同心円状に取り囲むようにパネル群が林立する。立ち並ぶパネル群が、行く手を遮り、観客は一挙に作品の全貌を見ることができない。観客は作品の中、パネル群の間を砂の上に足跡を残しながら巡り歩くといった作品である。パネル上にはいくつかの言葉が書かれている。観客は作品の中を彷徨いながら　それらの言葉を読むことで物語空

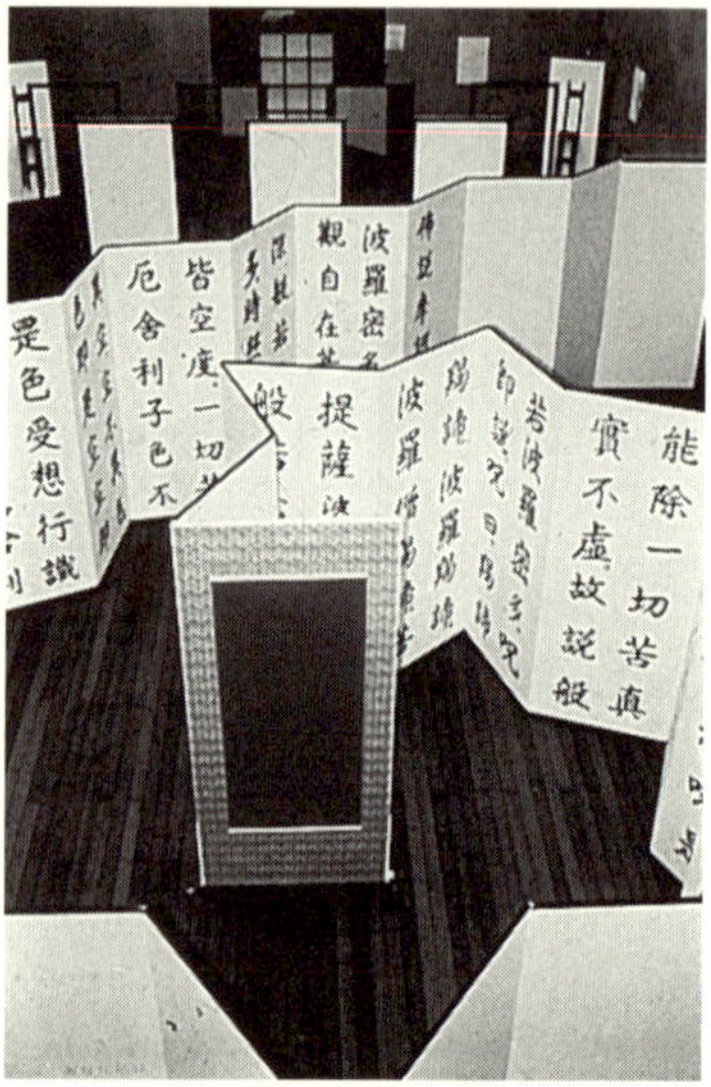

芳一 物語と研究

間へと導かれる。ここでは、映画や舞台のように物語の時間の進行が一方的に作り手側に委ねられているのではなく、また、生身の身体性を伴わない小説という形でもなく、観客、個々それぞれに物語の進行や内容の選択が委ねられている。インスタレーションという形態の一つとして、観客が歩き回り、動き回るにつれて作り上げられていく空間、観客の身体と作品空間が、一緒になってダイナミックに編成されていく空間が想定されている。

『芳一 物語と研究』（一九八七年）

『芳一 物語と研究』という、これもまた物語を下敷きにした作品である。小泉八雲の怪談『耳なし芳一』を素材にしたこの作品のモチーフは、芳一ではなく、芳一を探す亡霊である。琵琶の響きとともに語られる平家の物語、その中で謡われることを通してしか、自らの身体性を獲得できない亡霊。琵琶法師、芳一の名を呼びかける亡霊の声から、この作品は始まっている。この作品においても、観客は一挙に作品の全貌を見ることができない。観客が始めに目にするのは、パネルや、鏡の上にしるされた亡霊が芳一を呼ぶ声である。「芳一……」の言葉を読みつつ観客は、合わせ鏡が作る虚の空間をぬけ、螺旋状に置かれた巨大な屏風の側面に添い作品の奥へと進む。その時、観客は「芳一」と呼びかける亡霊の位置をとりつつ、あるいは呼びかけに導かれる芳一の位置をとりながら作品の中を進んでいくことになる。空間に設定された物語という架空の場において観客は、芳一を探して作品空間の奥へと進む亡霊の身体となる。物語という架空の〈場〉と、その場に設けられた私の入るべき登場人物という「穴」。観客は、「穴」としての芳一になり、亡霊になり、そしてそれらを眺めるものともなる。

作品『アクタイオーンの夢』や『芳一 物語と研究』の中で行った、観客に何らかの物語の登場人物のシチュエーションを被せる形態は、以下の作品では、作品内の空間に参入する複数の観客を〈仮想的に〉必要とする。

『婚礼』（一九八七年）

作品『婚礼』は、オスカー・ワイルドの『サロメ』をモチーフとしている。画廊空間の内部には、ひとまわり小さな部屋が設置され、その周囲に観客が通ることのできる狭い通路が回廊状に設けられている。通路の入り口で観客は右回り、左回りの選択を迫られる。右回りには、ヨカナーンの視点からの物語、左回りの通路にはサロメの視点からの物語が書かれている。それぞれの通路の壁面には、中央の小部屋を覗き見ることのできる小窓がいくつかあけられているのだが、小部屋全体を見渡すことはできない。二つの通路から眺める光景は異なり、同一の場所が二者の視線、解釈によって異なることを示している。二つの通路が交わる場所で、ようやく中央の部屋の光景、今まで目にすることのできなかったオブジェや部屋の構造を見ることができる。しかし、その光景さえも通り過ぎたそれぞれの物語によって既に色づけられてしまっているのだ。

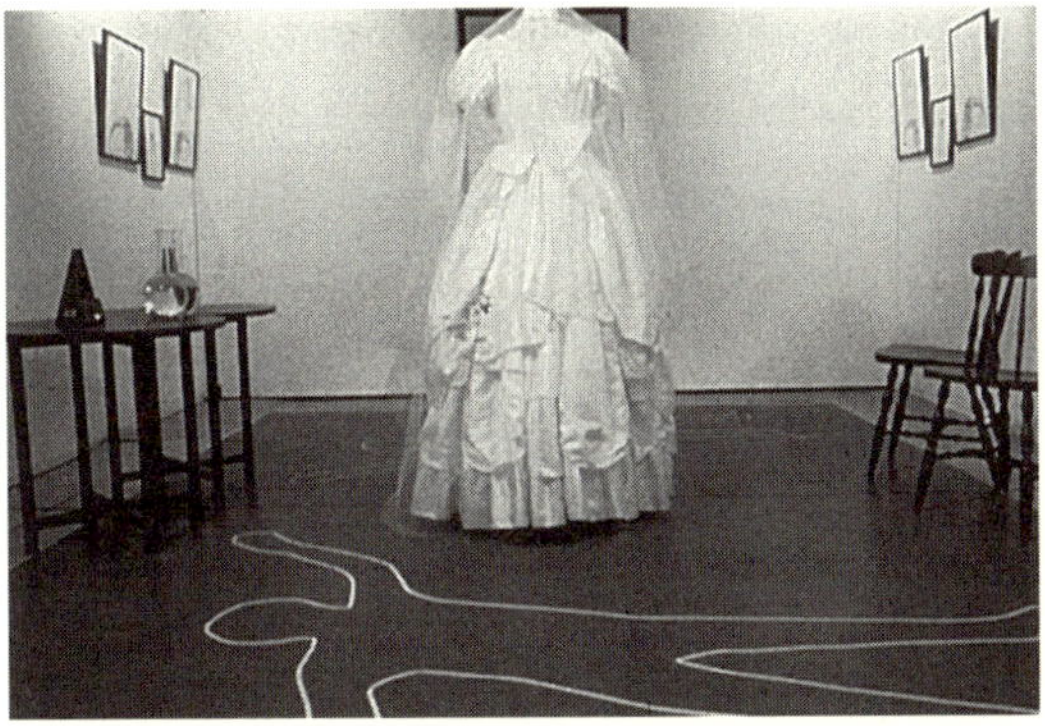

婚　礼

『とはずがたり』（一九八八年）

作品『とはずがたり』では、視点を社会的観点に移動させている。画廊空間は二つの部屋にしきられている。最初の部屋は、ショーウィンド

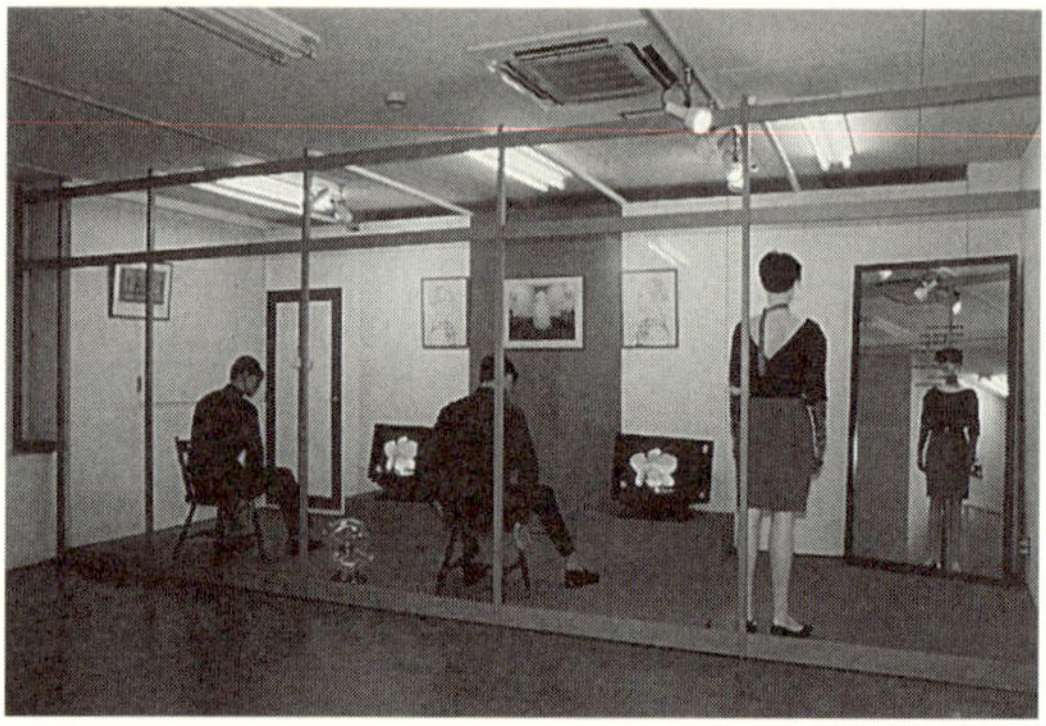

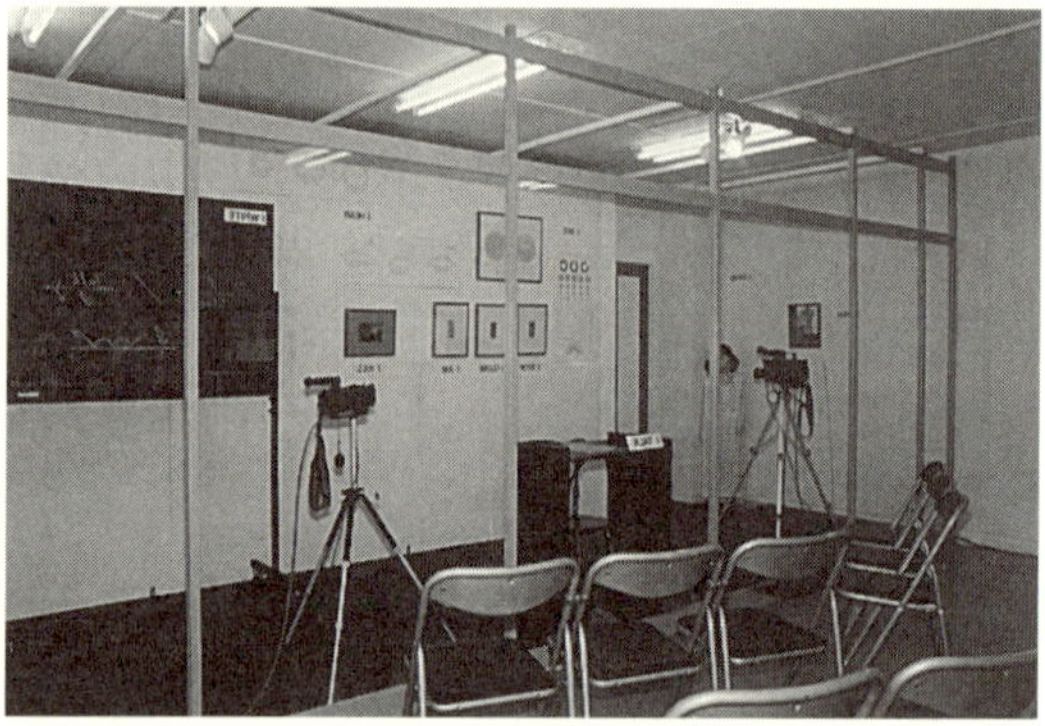

とはずがたり

ウのある空間である。画廊空間に入った観客はまず、ショーウィンドウの中に三体のマネキンやテレビなどのオブジェが設置されているのを見ることになる。作品を見る視線が、商品を見るという視線と重なる。ショーウィンドウに近づくと、ガラスの一つの面が外されているのに気付く。観客はそこをくぐり抜けることで、商品を見る側から、商品として自分を見せる、あるいは見られる場所に立つことになる。ショーウィンドウの背面の壁に、イミテーションと思われるようなドアがあり、そこを開くと裏側のもう一つの空間に入ることができる(後で聞いた話なのだが、このドアを開ける前に、何人かの観客は立ち去っていたようである。ショーウィンドウの手前で帰った人もいたようである。この場合には作品の四分の一しか見ていないことになる)。裏側のもう一つの部屋の話に戻ろう。この部屋は、教壇のある教室を模している。ドアを開けて入った観客は、既に自分が教壇側に立たされていることに気付く。話し、教えることを強制されるかのように、教壇の前にはマイクやビデオ・カメラが設置されている。表の部屋と同様にここでも、ガラスが部屋を二つにしきっており、ガラスの向こう側に、教えられる場を示す椅子が並んでいる。ここでも、外されているガラスの部分を通り抜けることができ、観客は、全体で四つの立場を行き来することになる。相対的な役割を持つ社会的な場所、それらの場所は人を落ち着かせると同時に拘束もする場所でもある。

『プレイ・ルーム』（一九八九年）

「プレイ・ルーム」という教育施設の名称を持つ作品『プレイ・ルーム』（一九八九年）では、まず観客が目にするのは、四つのドアが並んでいる壁面である。それぞれのドアには「MAN（男性）」「WOMAN（女性）」「CAT（猫）」「ANGEL（天使）」を表すプレートが取りつけられている。ドアを開けると、巨大なゲーム・ボードの上に出る。どのドアを選んだとしても同じ場所にでるのだが、観客は「MAN」「WOMAN」「CAT」「ANGEL」の四つのキャラクターが、このゲーム・ボード上の四つの駒のキャラクターであることに気づくことになる。それぞれの駒には別々のルールや物語が与えられている。もちろん、そこで何らかのゲームが行われるわけではない。むしろ、共通のルールがないこと、あるいは互いのルールが混じり合っていながら、共通のボードの上にあることの方が重要だったのだ。例えば、「男性」の持つルールを「女性」が拒み、「猫」はそれに知らんふりといったふうに。この作品は、複数の観客がアクセスし参加できるチャット型、ネットワーク型のシュミレーション・ゲームと似た形態を持ってはいるが、当然、ゲームとは全く異なるものである。別な視点から言えば、観客は、「MAN」「WOMAN」「CAT」「ANGEL」のどれにもなる必要がない。複数の視線を取り得ること、取り替えられること、ある

プレイ・ルーム

いはそれらの視線をとらなくてもいいことの方が重要なのだ（それがこの作品の「天使」の役割だったのだけれど[12]）。

十、アートとヴァーチャル・リアリティ

九〇年以降、私たちはインスタレーションという空間形態に、コンピュータ制御を取り込み、観客の動きを感知するセンサーやその動きに応える映像や音声の装置を用いてきた。特に一九九二年から九七年にかけての『インターフェース・エロス（Interface/Eros）』のシリーズでは、人とテクノロジー・システムの相互作用（interaction）をテーマに作品を発表してきた[13]。そのこともあり、近年の「ヴァーチャル・リアリティ（virtual reality）」に対しては、それを支える技術や観客、聴衆の効果等とともに、その基盤となる考え方にも少なからず興味を抱いてきた。

「ヴァーチャル・リアリティ」、いわゆる「VR」は、日本語では「仮想現実」あるいは「仮想現実感」などと訳されているが、一つの仮想的、人工的に作りあげられた現実に近い環境や空間、それを支える技術、またその空間において人が感じる現実感を総称していると考えていいだろう。そこでは、その空間への〈没入感〉が重要視される。

ヴァーチャル・リアリティには、それを成立させる三つの要素があるとされる。一つ目の「存在（presence）」とは、まずどこかに空間があり、その空間の中に自分の身体が存在するということ。次の「相互作用（interaction）」とは、その空間と身体が相互に作用しあうこと。例えば体が動いたときに見えるものが変化していく、あるいは音の空間が変化していく。様々な変化のタイプはあるが、身体と空間とがある一種の関数的な関係をもって相互作用していくことである。それは、現実感を構成する重要な要素であるとされる。最後の「自律性（autonomy）」は、その空間に入る以前にも空間が存在している、空間が自律的に存在しているという感覚を与えることである。例えば私がそこにいなくて

も重力があり、高いところの物が落ちていく、その空間の環境が時間的に変化し続けているということである。

これらのヴァーチャル・リアリティの三つの要素は、今までに語ってきたインスタレーションという形態と交錯する。例えば「存在」は、人がそこに介入するための〈枠組み(frame)〉や〈場〉として言い換えることができるだろう。美術館や画廊という場、あるいはそれが作品であるとする見方を保証する制度的な枠組みである。「相互作用(inter-action)」は、その枠組み内特有の現実感を生み出す相互作用であり、常に身体の行為と知覚をともなっている。「自律性」は、枠組みを支配し、観客の「相互作用」を促す契機となる物語(story)やルール、プログラム(program)ととらえられる。そして、これらの新たに言い換えられた〈枠組み〉〈相互作用〉〈プログラム〉や〈物語〉は、他の仮想的空間へも適用できるだろう。

反復——こんな夢を見た

ここで再び、私たちの作品を紹介したい。

『反復——こんな夢を見た』(二〇〇一年)

この作品は、隣り合った二つの部屋を用いた作品である。似通った二つの細長い部屋、その部屋にはそれぞれ一つの窓がある。片方の部屋は、窓が板で塞がれ暗い。もう片方は、ガラス窓の外に黄色い布が風に舞っている明るい部屋である。それぞれの部屋の中央には、円柱状の装置が置かれゆっくりと回転を続けている。明るい部屋の回転装置には、二台のビデオ・カメラが取りつけられ、回転しながら部屋の光景を撮り続けている。その映像は、暗い部屋の回転装置へと送り込まれ、暗い部屋の回転装置に取りつけられた二台のプロジェクターによって、暗い部屋の壁面に投影されていく。二つの装置は、両方で一種のコピー機に似た機能をもっていることになる。装置の回転に合わせ、一つの部屋の光景がもう一つの部屋に〈転写〉されていく。それぞれの部屋には黒板があり、白いチョークで波型の図形が描かれている。部屋の〈転写〉に合わせそれらの図形も重なり合い、黒板上には螺旋状のあらたな図形が描かれていく。現実の空間に、それと非常によく似た空間を重ね合わせること。まるで二重露光のように、現実の空間と虚の空間が重なり合い、ブレ、揺れ動く。

現在のVR（技術）と私たちの作品を含めてのアート作品との間にはその志向性において根本的な差があるようにも思われる。それは両者の観客、空間の〈距離〉の扱い方の差となって現れる。VR空間やVR技術においては基本的に〈没入感〉が重要であり、観客との距離をできるだけ無くそうという方向を志向する。「没入」とは、その空間に「devote oneself＝自らを捧げ」「sink＝沈み」「be absorbed＝吸収されること」である。それに対してアート作品においては、作品と観客の距離、〈隔たり〉としての距離が重要である。それは、没入すると同時に、離脱もしていくといった距離。固定的ではない可変的な、伸び縮みするゴム紐のように多様に変化していく距離感である。

また、別な観点からいえば、VR技術においては、没入感を生み出すために、メディア自体を観客に見えないようにする。例えば三次元の仮想空間においては、観客には、その三次元空間が人工物（つくりもの）であることを意識させないことが重視される。それに対してアートの場合には、意識的にメディア自体を見せていくことがある。メディアの継ぎ目、抵抗感、肌ざわりといったものを意図的に観客に見せるということが起こる。

マイケル・ハイムが、著書『仮想現実のメタフィジックス』の中で語っているように[14]、もしVRの本質が、「究極的には技術ではなく芸術にある」とすれば、そしてその目的が、「娯楽やコミュニケーションであるよりは、われわれの現実感覚を変容させ自由にすること」にあるとすれば、VRにおいても「没入」とともに「離脱」が、あるいはメディア自体の抵抗感や肌ざわりが、そして多層的な現実感といったものが重要となってくるのではないだろうか。

十一、おわりに——多層的《チャンネル》な空間へ

私たちは多くのヴァーチャル空間、仮想的な空間のイメージを持っている。ギブソンを始めとするサイバーパンク小説やF・K・ディックなどのSF小説、あるいは『マトリックス』『トータル・リコール』などのSF映画、それらはある時はコンピュータ・ネット上に展開する空間であり、脳内に埋め込まれたメモリー・チップの空間、コンピュータ・ゲームの空間、あるいは異星人のゲーム・ボード上の空間といったものである。それらの映像や小説の多くにおいて、ヴァーチャル空間内の登場人物は、それが現実であると思い、あるいは現実であるか非現実であるのか区別をつけることができないでいる。そしてその空間を相対化する外部の視線を感じ、または外部の視線に立つことによって、それが作られたものであることを理解する。しかしその外部の視線もまたヴァーチャルなものとして相対化される。それは堅固で揺るぎないと思われているこの現実世界への問いかけであると同時に、多層的な空間のイメージを呼び起こしてくれる。

しかし振り返ってみれば、このようなコンピュータ・テクノロジーを介したサイバー・スペース（Cyber Space＝電脳空間）だけでなく、ある種の仮想的空間（virtual space）といえる場所や空間は数多くある。例えば、曼陀羅の掛けられた密教寺院の空間。両翼に掛けられた来迎図に挟まれた瞑想空間。受胎告知図の掛けられた僧坊。また、白砂で清められた神社の境内。村祭りの時のシュロ縄でつくられた結界。あるいは、公園や路地裏での「鬼ごっこ」、「隠れんぼ」、「ちゃんばらごっこ」の場、あるいは、「ままごっこ」の「ござ」という結界。既に失われてはいるが、神話や昔話の語り部の場。これらの場所や空間は、それ自体仮想された空間であり、また別の世界への入り口＝ジャック・イン（jack in）装置の一種としても機能していたのだろう。

「ねえ、ヘンゼル。このおかしの家って誰がつくったの?」(壁のクッキーをほおばりながらグレーテルが尋ねる)

「魔法使いのおばあさんだよ。おかしを欲しがる子供たちをおびきよせるためにつくったのさ。おばあさんは子供たちを食べたいんだ」

「じゃあ、これは子供たちをつかまえる罠なのね。でも変なの、おかしより子供の方がおいしいなんて」

「いや、おばあさんが欲しいのはおかし入りの子供なのさ」

「おかしの家の中で、おかしを食べる子供たちは、今度はおばあさんのお腹の中に入っちゃうのね」


実に多くの空間や場が隣接し、あるいは互いに重なり合い揺れている。しかしともすれば、それらの空間は外部への視線を遮断し、〈没入〉を通して介入者を取り込もうとする。あらたな身体感覚あるいは〈空間感覚〉が必要なのかもしれない。世界は多層で多様なざわめきに満ちている。私たちには、その水路(チャンネル)を開き、また閉じるという身体感覚が必要なのだ。

私たちのリアリティの可塑性は、それを許している。

註

(1) Wolfgang Blankenburg, *Der Verlust der Natürlichen Selbstverständlichkeit, Ein Beitrag zur Psychopathologie Symptomarmer Schizophrenien*, Stuttgart, Ferdinand Enke Verlag, 1971. W・ブランケンブルク『自明性の喪失――分裂病の現象学』木

村敏・岡本進・島弘嗣訳、みすず書房、一九七八年、七三頁。

（2）同書、七六頁。

（3）James J. Gibson, *The Ecological Approach to Visual Perception*, Hougton Mifflin Company, Boston, 1979. J・J・ギブソン『生態学的視覚論』古崎敬・古崎愛子・辻敬一郎・村瀬旻訳、サイエンス社、一九八五年。

（4）Anne McCaffrey, *The Ship Who Sang*, MBA Literary Agents Ltd., London, 1969. アン・マキャフリー『歌う船』酒匂真理子訳、東京創元社、一九八四年。

（5）Donna Haraway, A Manifesto for Cyborgs : Science, Technology, and Socialist Feminism in 1980s, *Socialist Review*, No. 80, 1985, pp. 65-108, 1985. ダナ・ハラウェイ「サイボーグ宣言」小谷真里訳、『サイボーグ・フェミニズム』巽孝之編、小谷真里訳、トレヴィル、一九九一年。

（6）吉井妙子『紙の肉体 清水宏保』新潮社、二〇〇二年、一二八頁。

（7）同書、一五六頁。

（8）C. S. Lewis, *The Lion, the Witch and the Wardrobe*, 1950. C・S・ルイス『ライオンと魔女』他、瀬田貞二訳、岩波書店、一九八五年。

（9）Ray Bradbury, *Dandelion Wine*, Doubleday Edition, New York, 1957. レイ・ブラッドベリ『たんぽぽのお酒』北山克彦訳、晶文社、一九七一年。

（10）「ごっこ遊び」。それはおとぎ話、ファンタジーの身体化である。それは毎日、飽きもせず幾度となく繰り返される。繰り返されることで、遊びの時間が終わった後も、彼は鞍馬天狗であり、小林少年、怪人二十面相、ゴレンジャーやキカイダーでありつづける。常に私たちは、別の私を、あるいは別の私の物語を必要としてきた。ラカンが象徴界への参入の契機として例にあげていた一つの光景が思い浮かぶ。ベッドの上で眠りにつく私から扉を隔てた隣の部屋で、父と母が、誰かのことを語っている、それは一体誰なのか？　父や母でないことは確かである。「パー」や「マー」ではない別の名が彼らの間で往復する。「〇〇ちゃんは……」「〇〇ちゃんが……」。それは私がいる時私に向かって投げかけられた響きのように思われるのだけれど、私はここにいて、向こうにはいない。私の不在において語られる名、その時、私は知らないうちにすでに別の物語への登場人物として登録されていたことを知ることになる。私はそれを拒否するだろう……そんなの嫌だ……。しかしすぐさま、飴が与えられる。「マー」が話してくれる絵本やお話しという飴。大好きな絵本に出てくるロビンは時々私の名前になっている。私は何にでもなれるんだ。そして次には「ごっこ遊び」が待っている。

（11）Pierre Klossowski, *Le Bain de Diane*, Jean-Jacques Pauvert, Paris, 1974. ピエール・クロソウスキー『ディアーナの水浴』宮川淳・豊崎光一訳、美術出版社、一九七四年。

（12）これらの作品の後、『NINE ROOMS』（一九八九年）、『FLASH BACK』（一九九〇・一九九一年）、『STOLEN BODIES』（一九九一・一九九二年）と作品が続き、一九九二年からの Interface / Eros のシリーズへとつながる。

（13）Interface / Eros シリーズの作品には、『Prototype』（一九九二・一九九三年）、『Echo』（一九九三年）、『井筒』（一九九五年）、『Pendulum』（一九九五・一九九六年）、『受胎告知』（一九九七年）があり、その後、『呼吸法』（一九九八・二〇〇〇年）、『BEACON』（二〇〇一・二〇〇二年）へと続く。

（14）Michael Heim, *The Metaphysics of Virtual Reality*, Oxford University Press Inc., New York, 1993. マイケル・ハイム『仮想現実のメタフィジックス』田畑暁生訳、岩波書店、一九九五年。

音のリアリティ

聴覚イメージと音

稲垣　貴士

音のリアリティは、ＨｉＦｉオーディオの音質の問題、つまり、音質を追及するオーディオマニアがもつリアルな音のイメージと実際にスピーカーから再生される音との差異、あるいは生音と録音された音との差異の問題ではないし、音楽のリアリティとも同一ではない。目覚まし時計のアラーム、蛇口から出る水音、トースターや電子レンジの音、都市の喧騒、祭囃子、梢をわたる風の音、小鳥のさえずり、潮騒など、人工の音から自然の音まで、それらの多様な音環境が生活におけるリズムを生み、活気や静謐をもたらしている。その一方で、音はマンションの騒音問題や低周波騒音の問題などのように、当事者にとってはきわめて深刻な暴力的側面ももっている。音は物理的現象であると同時に心理的現象であり、感覚的な個人差も大きい。また、レコードやＣＤ、ＤＶＤなどから流れる音、あるいはラジオやテレビの放送を通じて流される音が身の回りに溢れているという点において、音のリアリティは、メディアとの関係も抜きには考えられない。更にいえば、音は必ずしも狭義の聴覚に限定して考えられるものでもないだろう。ここでは、まず次の三点を俎上に上げておきたいと思う。

第一に、映画やＴＶにおいて典型的に示されるように、音は視覚的なものによって方向づけられ、意味付けられているということである。映画やテレビにおける音のリアリティは、メディアによって生み出されたハイパーリアルな現象でもある。本物の音か偽物の音かではなく、そこでは映画やテレビというメディアを通してリアルに聞こえる音こそがリアルな音だという転倒した状況が成立している。

第二に、音はきわめて触覚的であり、空間的であるということだ。音は、聴覚という特殊感覚（他は、視覚・味覚・嗅覚・平衡感覚）を超えて一般感覚（触覚・圧覚など）にまでつながっているように思われる。たとえば、無響室に入ったときの耳が圧迫されるような奇妙な感覚、ヒトの可聴周波数域の下限とされる二〇Hz以下の音を聞いた時の鼓膜が揺れているという感覚、ロック・コンサートなどで体験する大音量による身体の振動と一体化した聴取の感覚、そこでは音が狭義の聴覚を超え、触覚と交錯している。また、音は空間的な現象でもある。同じバイオリンをコンサート・ホールで弾いたときと畳の和室で弾いたときとは、同じ音源でもその響きは全く異なる。私たちは音源からの直接音のみを聴いているわけではなく、空間におけるその響き（反射音、残響）も含めて空間的に音を聴いているのだ。空気中における可聴音の波長は、およそ一七メートル（二〇Hz）から一七ミリメートル（二〇KHz）と、人間の身長よりははるかに長い波長から指の先ほどの波長の範囲にある。可視光の波長が、人間の身体を基準にできないほど短いのに対し、可聴音の波長は、ちょうど人間の身体の大きさを跨いでいる。このことが、音の空間的特性を際立たせると同時に、音について語ることの難しさをもたらしているように思われる。ラジカセから出る一〇〇Hzの低音にしてもその波長は約三・四メートルである。四畳半や六畳の部屋では可聴周波数の下限とされる二〇Hzの音は一体どうなるのか。波長が一七メートルもある音。しかし、通常はそんなことを気にする必要はない。そもそも、そのような低音は録音されていないし、ラジカセやテレビから出てくるはずのない音だ。家庭で使うスピーカーの再生可能な低音の下限はせいぜい六〇Hzから八〇Hzである。音とその響きは、壁や天井の材料、建物の大きさや構造といったさまざまな条件に応じて変化する。また、音の振動エネルギーは窓ガラスや家具を振動させたり、熱エネルギーに変わったりもする。

映画『ブリキの太鼓』（一九七九年）でオスカルが奇声を上げるとガラスが次々と割れるシーンがあるが、そこまではないにせよ、重低音の音量を上げていくと部屋の中のいろいろなもの、そして身体が振動し始める。低音は身体的な音である。このきわめて触覚的で空間的な現象である音を狭義の聴覚に押し込めてしまうことには無理がある。

第三に、これは最もやっかいな問題であるように思われるが、音は言語と分かちがたく結びついている。言葉を切り離して音そのものを聞くことができるだろうか。つまり、聴取のありかたが文化的に方向付けられているという以前に、言葉はまず音であり、音を知覚し、音として認識すること自体が言葉に再帰することである。言葉としての音声は思考そのものと不可分に連動している。ソシュールは、言語記号が結びつけるのは「名前」と「もの」ではなく、「聴覚イメージ」と「概念」であると言明し、聴覚イメージをシニフィアン、概念をシニフィエ、そしてそれら二つが結合する場を言語《ラング》とした。その上でソシュールは言語学の対象を限定したが、しかし、ここではソシュールを援用しつつも、ソシュールが「多様で混質的」、「いくつもの領域にまたがり、同時に物理的、生理的、かつ心的」、「個人的領域にも社会的領域にも属する」、「単位を引き出せない」とした言語活動《ランガージュ》、そして、言語学の対象から切り離した個人的、偶然的なものであるパロールの問題にも立ち返らなければならないだろう。そして、言語、非言語を問わず、音の記号作用について言及することになる。私たちは、言語でない音を聞くときも言語による分節を経ながら多重的に聴覚イメージを形成している。言い換えれば、音を意識的に聴く、あるいは音に気付くということ自体、そこに既に言語が介入しているということだ。窓の外から急に雨音が聞こえてきたとき、つまり、「雨音」と認識したその瞬間、雨音には「雨」、「雨音」という言語記号の聴覚イメージが重畳されているのである。意味を理解できない外国語を聞くときも、あるいは動物の声や機械の音を聴くときも同じである。音を聞く時、いくつもの聴覚イメージが畳み込まれ、関連づけられる。音の記号作用は、ランガージュと不可分である。そしてこの音の記号作用は、メディアによるハイパーリアルな音の根底にある構造でもある。おそらく、音のリアリティが立ち現れるのは、ひとつにはメディア化された耳と音の記号作用が揺らぎ、クラックが入るときだろう。安定した記号作用のフレームからズレる時、そのズレたすき間から現れるだろうことが予想される。

視覚の音

横断歩道で聞こえてくる信号音や列車の発着音をはじめ、日常生活のなかでさまざまな音の記号作用が成立している。われわれは、聞きなれない何かの音が聞こえてきたとき、これは何の音か、何から発せられた音か、ということを状況によって理解したり、音源に目をやることによって確認し理解したりしている。そして理解できたその瞬間に、これは何々の音だというふうに言語化している。窓の向こうの道を車が通り、聞きなれた音が聞こえてくる。するとその車が見えなくても音によって車が通ったことを認識する。車の立てる音、エンジンの音やタイヤが立てる音、ブレーキやクラクションの音などが車の音としての記号作用を果たしているということだ。そこには経験的に形成された音のコードが成立している。この慣習的な音のコードは便利な機能を果たしているが、しかし、このことが、空間的・時間的に変化する多元的な音を一元的な意味の地平に還元してしまうことにもなっている。言い換えれば、それは音の微妙な変化、微細な響きに耳を傾けることなく、音を記号として聞いているということだ。

音は、聴くという以前に、視ているのだ、というと奇異に思われるかもしれないが、音は音源となるものの視覚的イメージに結びつこうとする。視覚によって音を聞くこの典型的な例が、映画やテレビの効果音である。たとえば、電子音による「鳥の鳴き声のような音」が鳥の映像に付けられた途端、それは「鳥の鳴声のような音」ではなくなり、まさに鳥の鳴声として了解される（ヒッチコック『鳥』（一九六三年））。宇宙船の飛行音も、真空である宇宙空間のなかで音が聞こえるのか、という素朴な物理的疑問以前に、スクリーンのなかの巨大で高速に飛行する物体から発せられた音として了解される。アニメーションのキャラクターが発する足音やセリフにしてもそうだ。アトム（テレビアニメ『鉄腕アトム』（一九六三－六六年））の足音は、マリンバの音を録音した磁気テープをハンドスプーリング（テープリールを手で回して音を再生する操作）することによって作り出された音である。音響効果を担当した大野松雄氏が、コツッ、コツッという足音では、アトムのイメージにあわないと感じたことから作られた。その音は、視聴者にとってもむしろアトムの歩く足音として自然に感じ（音響効果に携わっている人でないかぎり、ハンドスプーリングしたマリンバの音として聴き取ることはないだろう）、かつ視覚によって言語記号の「アトム」、「足音」といった聴覚イメージが重畳されつつ、アトムの足音としての記号作用を持ち始める。アトムの足音は、少年のような小型のヒューマノイド・ロボットという視覚イメージから表象されている。日常生活のなかで現実音としては聞くことのない人工的な音が、アトムというキャラクターの視覚的印象とそのステップにシンクロすることによって、音と音源イメージの関係が自然的連結を装いながら恣意的に形成されていく。つまり、現実には存在しない架空の物体やキャラクターの視覚的イメージが、もともとの音源（ハンドスプーリングされたマリンバの音）から切り離された音と結びつき、映像のコンテクストによって新たな記号作用を担うようになるのである。

このことは、何もSFやアニメーションに限ったことではない。劇映画やドキュメンタリーにおいてもそうだ。音響ディレクターの木村哲人が『音を作る――TV・映画の音の秘密』（筑摩書房）のなかで明かしている自らが担当した効果音のエピソード「アンコで作った溶岩の音」からもそのことがうかがえる。火山学者、アルーン・タジェフが世界の火山を撮影したドキュメンタリー映画『地球は生きている』の音についての裏話だが、そのクライマックスとなる火口内で煮えたぎる溶岩のシーンには、当初溶岩の音は入ってなかったそうである。日本でテレビ放送される段になって担当プロデューサーから要請され、木村氏が大量のアンコを大鍋に入れてグツグツと煮、アンコが溶岩のように噴き上がるときにでる音を録音して作ったそうだ。その音は溶岩の映像にピッタリあって、アンコとは思えない迫力になったという。そして来日したタジェフがその音に驚き、要望して持ち帰ったテープがコピーされ、BBCの科学番組やフランスの科学映画の溶岩流のシーンで使われるようになったというのである。

木村氏の前掲書でも紹介されているが、映画の効果音の制作にはさまざまなノウハウがつぎ込まれている。もちろん撮影時に同録（同時録音）する場合もあるが、大理石のように見える床が実はベニア合板でできているようなセットでの撮影では同録の音は使えず、アフレコで音を差し替えることになる。その音は、フォリー・アーティストと呼ばれる効果音の専門スタッフ（ユニバーサル・スタジオのサウンド・エディター、ジャック・フォリーにちなんでそう呼ばれている）が実にさまざまな道具を駆使し、サウンド・スタジオで映画のシーンを見ながらそのアクションにあわせて音を作りだしているのである。ロケの場合においても、往来する車の音、撮影クルーのたてる雑音、カメラの音など、さまざまなバックグラウンド・ノイズが入るため、狭指向性のマイクをカメラのフレームに入らないギリギリのところまで俳優に近づけてセリフを重点的に録音し、環境音はあとから付け加えられる。セリフのトラックとは独立した効果音のトラックがあったほうが、セリフの吹き替えの場合においても便利である。英語のセリフを日本語で吹き替えをするのに、俳優の足音やイスに座る音、ドアの音やその他の環境音すべてをセリフの録音と共に作り直すとなると大変な作業になる。映像の印象はこのように意図的に作り出された音の効果によって左右される。しかし、そもそも音のイメージは、視覚的イメージによってあらかじめ形成されているということだ。映画の効果音におけるリアルな音とは何か、という問いの答えがそこにある。言語記号がものと名前の結合でないように、映画の効果音も音源とそこから発せられた音との結合ではない。ソシュールは、シニフィアンとシニフィエのあいだに自然的連結を有するものをシンボルとした。映画の効果音は、記号《シーニュ》とシンボルの両方の特徴を未分化の状態で併せ持っている。われわれは、経験上、小さな物が発する音の周波数は概して高く、大きい物が発する音の周波数は概して低い、ということを知っている。ピッコロの音は高く、フルートの音は低い。バイオリンの音は高く、コントラバスの音は低い。また、材質による音の違い、金属の音、プラスチックの音、木材の音といった音質の違いを知っている。だからこそ、大理石のように見える床からは大理石のような音がでなければならない。合板ベニアの音がすると、その床は作り物だ、偽物だ、ということになってしまう。逆にベニア合板でできたセットの床を歩く音が、フォリー・アーティストによって大理石の上を歩く音に差し替えられると大理石の床となる。つまり、音の記号は、実際の音源と音の結合ではなく、音源イメージと聴覚イメージの結合なのだ。しかも視覚イメージが音源イメージとして擬似自然的連結を可能にする聴覚イメージを喚起しているのである。映画の音響スタッフ（フォリー・アーティストやサウンド・デザイナー）は、音源イメージと聴覚イメージのより自然な連結を求めてプラクティカルに音を制作する。映画においては記号としての音のその連結が自然であればあるほど、リアルだということになるのである。映画の音は視覚がもたらす表象の音である。映画の効果音の成否は、映像が表象する音のイメージにどれだけ近づけられるか、ということだ。それ故、重要なのは、音質以前に音の記号作用である。映画のサウンドトラックの音質は、一般的に言ってあまりよくない。ダイナミックレンジは狭く、周波数特性も決して満足できるものではない。しかし、言語記号としての声（セリフ）と同じで、記号としての音の特徴さえ備えていれば音質に関係なく記号作用を発揮する。オーケストラの演奏シーンを見るとき、サウンドトラックのきわめて限定された音質にもかかわらず、その視覚的なものから弦楽器の艶や管楽器のきらびやかさを聞く。それは、サウンドトラックの音のみを聞くときには、決して聞こえてこないイマジナリーな音である。セリフの吹き替えも音の記号作用をベースに行われる。声の抑揚や微妙なニュアンスを伝えるしゃべり方など、そこにはパロールに相当する個人的、偶然的なものも映像によって構造化され、ラングに相当する体系的な構造の上に重畳されている。映画においては音の響きそのものを聴いているのではなく、無意識のうちに映像をベースにした音の二重の記号作用を聞いているのであり、それはいうならば音を視ているということではないだろうか。そういった音は、「視覚の音」といっていいだろう。

マガーク効果と呼ばれる興味深い実験結果がある。それは、「が」と発音している人の映像に「ば」という発音を付けて見せると、「だ」と聞こえるというものである。視覚情報とそこから発せられるであろうと期待される音との微妙な差異が、結果として実際には発音されていない「だ」という聴覚イメージを生み出すのである。むろん映像と全く無関係な音を入れるとマガーク効果は生じない。単に無関係な音が付けられていると認識するだけである。映画のなかで、映像と記号としての音との微妙なズレが意図的に利用されている例がある。建物のなかの石の階段を男が上がっていくシーンで、足の動きに同期して砂利の上を歩いているような音が聞こえてくる。その不意をつかれた驚きとその奇妙な違和感、そこにのぞく時空間のねじれ（アラン・レネ『去年マリエンバードで』〔一九六一年〕）。映像と音が同期しつつも視覚イメージと自然的連結のない聴覚イメージ、しかし、映画のコンテクストのなかで明らかに意味を持ちうる聴覚イメージが映像に結合するその時、視聴者はマガーク効果のようにそこに第三の音を視るのかもしれない。

人間には、大勢の人が会話するなかで、特定の人の声だけを抽出して聞くことができる能力がある。その聴覚の働きをカクテルパーティー効果というが、人間がいかに音を選択的に聞いているか、ということを改めて自覚するのは録音のときである。録音するために音源に向けてマイクを立てヘッドフォンでモニターすると、それまで気づかなかった実にさまざまな音が聞こえてくる。マイクの感度を特別に上げているわけでも、ヘッドフォンのボリュームを特別に上げているわけでもない。マイクという機械を通すまで、音があるのにそれに気づかなかったということだ。マイクとヘッドフォンの性能が良く、高解像度であればある程、それまで気付かなかったさまざまな音の存在に驚かされる。その驚きはメディアを介して耳が非日常化されることの驚きであり、選択的聴取の下で埋もれていた音が鮮明に立ち現れるその瞬間は、音のリアリティが立ち現れる瞬間でもある。しかし、こういった環境音はバックグランド・ノイズといわれ、録音に際しては通常それが入らないように配慮される。映画のサウンドデザインは、この無自覚的な選択的聴取のプラクティカルな再現でもある。人は、音をありのままに聞いているのではなく、必要な音を選択的に聞いている。効果音のリアリティは、視覚的に表象される聴覚イメージに基づいて、必要な音をピックアップしたり、新たに付加することによって再構築されたイリュージョンのリアリティである。そこにはロラン・バルトのいう神話作用がある。空間的・時間的に響く音そのものが必要なのではなく、必要なのは音のイメージなのだ。

日本のドラマでは、夏のシーンといえば必ずといっていいほどセミの声が入れられる。しかし、セミが生息していない北ヨーロッパでは、夏を意味する記号として機能せず、ノイズが入っていると認識されるという。そのためドラマを外国にもっていく段階でサウンドトラックからセミの鳴声を抜いてしまうそうだが、このことは音を聞くという、そのベースに文化的コードに基づく音の記号作用が構造化されていることを顕在化させる。この文化的コードを顕在化させたり、潜在化させたりするのもメディアであり、現代においては特に視覚メディアが音の記号作用のためのコードを形成しているということだ。視覚の音は視覚イメージをベースにした表象の音である。日本においては夏の記号となるセミの声は、ヨーロッパでは、視覚イメージの不在によって迷走するのだ。

触覚の音

無響室とは、天井、床、壁面のすべてが楔形の吸音材によって覆われ、音が全く響かないようにした部屋である。日常では体験しえない特殊な音響特性をもつ空間になっており、スピーカーの周波数特性の測定など、さまざまな音響実験のために使用される。その中に入り、重く厚い防音扉を閉めると、急に耳に遠くなったように感じ、同時に耳に圧迫感を感じる。また、無響室に二人で入ると、離れた位置にいる相手の話し声がすぐ耳元でささやいているかのように聞こえる。この奇妙な感覚。視覚的遠近感と聴覚的遠近感のズレがもたらす違和感。日常生活のなかで透明化している音の記号作用が破綻する瞬間でもある。音そのものが現前化し、音という現象を知覚している私が意識される。音は空間なのだ。ここで盲人の障害物知覚についての報告を思い起こす。盲人は、目が見えないにもかかわらず、壁などの障害物に近づいたとき、ぶつかるその手前で障害物を知覚するという。しかも、障害物がどういった材質のものであるかもわかるらしい。盲人は障害物に接近すると圧迫感のような気配を感じるそうだが、その研究によると、本人は聴覚を意識することなく、音の微妙な変化を手がかりに障害物を知覚しているというのである。無響室での体験と盲人の障害物知覚の例は、音を聞くということが、たとえ無自覚であるにせよ、きわめて身体的な感覚であることを顕在化させる。なにもこの二つに限ったことではない。たとえば、闇夜を体験してみるといい。どこかの山奥、林や森の中など、街灯などの人工的な光はもちろんのこと、曇っていて月明かりも星明かりもない夜、その真っ暗闇のなかでの音体験は強烈である。音が身体を包み込むように立ち上がる感覚、聴覚が研ぎ澄まされ、全身で音を捉えるようになる感覚、そして音が皮膚を撫でたり、身体の中に入ってきたりするような感覚。そういった体験をすると き、いかに視覚が音を聞くという行為を妨げていたかがわかる。音は、それを捉える身体的な感覚が視覚によってフィルタリングされ、気付かないうちに固定化した記号作用の枠のなかに押し込められているのである。

音は波動である。しかし、その振動は空気振動に限らない。朝、鏡に向かいシェーバーで髭を剃るとき、そのジージーという音は、空気振動によって耳から聞こえるというだけでなく、身体を通じて直接的な振動としても伝わり聞こえている。自分がしゃべる声もそうだ。録音された自分の声と自分が自分の声と思っている声との間に違いを覚えるのも身体を通じた直接的な振動の有無に起因している。音の振動が空気を介して鼓膜を振動させ伝わるのと区別して骨伝導というが、自分が自分の声を聞くときは、この骨伝導による音と空気振動による音の両方を聞いているのである。音叉を軽く叩いて振動させても通常は聞こえない。しかし、その振動している音叉を歯で噛んだり、耳の周りの骨の部分に直接あてたりすると骨伝導によって音がはっきり聞こえるようになる。電車に乗っているときもそうだ。電車の音は、床や座席を介して直接身体に伝わってくる。わたしたちは、空気振動の音だけでなく、骨伝導によって固体振動の音も聞いているのだ。その骨伝導を利用したレシーバーや電話機が開発され、耳の不自由な人や高齢者を対象に既に製品化もされている。また、超音波で耳の軟骨を振動させ、装着した人だけが音を聞くことができる特殊なヘッドフォンも開発されている。更にいえば内耳に直接振動を与えると人間の可聴周波数の上限とされる二〇KHzをはるかに越えて、八〇～一〇〇KHzの音まで知覚できるという。骨伝導を考えると音は触覚的な感覚領域と重なり合っているということがわかる。先に低音は身体的な音であると述べたが、高音もまた身体的な音であるといえる。低音についで補足すると、可聴周波数の下限である二〇Hz以下の信号、たとえば五〜一〇Hzくらいの正弦波を特殊な大型スピーカーで再生すると確かに音としては認識されない。しかし、振動の周期に対応して鼓膜や身体が揺れていることが知覚できる。これは音を聞いている、あるいは音が聞こえているということなのか。周波数を徐々に上げていき、二〇Hzあたりになると鼓膜の揺れが音として認識できるようになる。二〇Hzあたりがいわば触覚的感覚と聴覚のボーダーである。これまで可聴周波数とされてきた範囲を越えたところで音は身体的に作用しているにちがいない。可聴周波数域の音によっても触覚的なイリュージョンが生じる場合がある。ダミーヘッドマイクによる特殊な録音をヘッドフォンで聞く時である。そのよく知られたデモンストレーションに、髪の毛をハサミで切ったり、大きな紙で頭を包むようにして録音したものがある。その音をヘッドフォンで聞くと、本当に自分の髪の毛がハサミで切られたり、紙を頭にかぶせられているように感じ、思わず首をすくめたりする。音によって触覚的なイリュージョンを体験するのである。

現実の音は低い周波数から高い周波数までさまざまな周波数成分を含んでいる。しかし、ラジオやテレビに内蔵されている小型スピーカーで再生可能な音の範囲はそれほど広くない。そのため、番組を制作する段階、もっと正確にいえばポストプロダクションの段階で最終的にどのような状況で音が聞かれるかを想定し、ダイナミクス(大きい音から小さい音までの音量の幅)を制限しながら、低音から高音までのバランスをとる。なおかつ、放送する段階で主観的な音量を一定にし、かつ伝送する周波数帯域を制限する。その結果、中低音から中高音までの記号化された音の使用が促進される。音の特徴さえ聞き取れればいいからである。逆に言うとはっきりした特徴のない音は使いにくく、排除される。ラジオやテレビでは、繊細な音やかすかな音がきちんと再生されないからである。ささやきといった小さい音は物理的音量を下げるのではなく、心理的に小さく聞こえる音に変えられ、大きい音も物理的音量を上げるのではなく、心理的に大きく聞こえる音に変えられる。このことが音の記号化と記号作用を促し、音や音楽についての表象を形成していくひとつの要因になっている。「〜の音」、「〜らしい音」は、メディアの特性と一般家庭での聴取条件との相互関係から作られてきたのだ。

わたしたちが日常聴く音楽は、ほとんどがライヴ演奏ではなく、録音された音楽、つまりメディアによる音楽である。例えば、ロックやポップ・ミュージックのバスドラムは、コンプレッサーによってダイナミクスが押さえられ、デジタル・リバーブによる人工的な残響効果が付加される。それは、実際のバスドラムの音ではなく、録音技術によって作られた音であり、レコーディング・エンジニアやミュージシャンが表象するバスドラムの音であるということだ。ドラム・セットの録音だけで何本ものマイクが使用され、ミキシングされる。まず最初にライヴの演奏があって、それをいかに忠実に録音するかではなく、まず最初に音の表象があり、その音をいかに作り出すかということで録音がなされるのである。メディアを前提にした音・音楽のありかたが音の記号作用をより強固なものとし、聴取そのものを無意識のうちに固定的で、安定的なものにしているのかもしれない。ＡＴＲＡＣ（ＭＤで採用されているコーデック）やＭＰ３のように音声データの圧縮率の高いデジタル・コーデックが普及するのは、情報量を減らすために聞こえない音は無視することができるという前提による。小さい音は大きい音にかき消されて聞こえない。その前提に立ってマスキングされてしまう音をカットし、かつダイナミクスを聴きやすい範囲に収めるということは今日のメディアがもたらした状況である。録音や放送などメディア・テクノロジーの発達によって、音質のよい録音・再生が可能になる一方で、合理化によって聞こえない音が排除されていく。そして、録音に適した音楽を生み出し、録音に向かない音楽を追いやっているのだ。音は表象としての音になり、聴覚がメディアによってつくられていく。録音メディアが生み出した音は、映画の音と同様に表象としての音、表象としての楽器の音である。しかも、音がいいとか音が悪いとかいう、その主観評価の軸もメディアが生み出した表象によって構造化されている。たとえば、ピアノの演奏を録音するとき、マイクをどの位置に置くかによって録音される音が全く変わる。ピアノの録音に際してマイクをどのようにセッティングすればいいかを確かめるため、同じ部屋の同じピアノを演奏し、録音の善し悪しを問う主観評価の実験を行ったところ、コンサートホールでピアノ演奏をいつも聞いている人にとっては、マイクをピアノから離した位置で録音したものが自然に聞こえ、いい音と評価し、一方、いつも録音されたピアノ演奏を聞いている人にとっては、マイクをピアノ(の弦)に近づけて録音したものが、クリアでいい音と評価したそうである。このことは、いい音という主観評価も録音メディアがもたらした表象に基づいているということを示している。録音された音楽を聞くとき、もとの演奏がどうであったか、音の響きがどうであったか、そしてそれがどのような機材でどのように録音されたかは、知るよしもない。しかし、録音された音楽を聞いて、音がいいというのは、いい音についての表象が形成されているということだ。今日の音楽は多くが録音を前提にした音楽である。そして録音された音楽がライヴ演奏を支配するといった、逆転した状況も生み出している。オーケストラの生演奏を聞いた青年が、レコードの方が音がいいといったというエピソードは、その状況を物語っている。映画のリアリティがあるように、録音のリアリティというのもあるだろう。ただし、録音のリアリティを音のリアリティと混同すべきではないし、音楽のリアリティとも混同すべきではない。遠くで聞こえる潮騒の音、例えばそういった遠くの微かな音は、さまざまなノイズに埋もれて録音できない音である。マイクが拾う音は、音源からそれほど遠くない空気振動の音であり、基本的に近くの音なのだ。しかし、録音された音がスピーカーから再生され、再び具体的な場において音になるとき、そこには音のリアリティが現れうる。音のリアリティは、録音された音か生の音かという図式からではなく、メディアの特性や録音の合理化によって排除されている遠くの音や微かな音を再発見することの、あるいは、音が具体的な場において音になっているということ、その具体的な場のなかで音の肌理が織りなされているということを再発見することの驚きから生まれるのではないか。音は具体的な空間と時間のなかで響きとなる。反射音が一〇msで返ってくるか、二〇msで返ってくるか、あるいは一〇〇msで返ってくるかによって空間の大きさを知覚する。音の遅延時間によって空間を把握するのだ。そして、天井や壁面の材質、石なのか、木なのか、あるいは布なのかによって吸音率・反射率が異なり、残響が変化する。その残響時間や残響音の密度によって空間の特性を把握する。ピアノにしろ、バイオリンにしろ楽器の音の波形は非常に複雑で時間的変化を伴う。基音に対してさまざまな倍音が発生し、時間とともに変化していくのだ。仮に二〇Hzから一〇〇KHzの音が出たとすると、空間には波長一七メートルから波長〇・三四ミリメートルにわたる多様な音が刻々と変化しながら幾重にも重畳され、きわめて複雑な位相を生んでいるということだ。音は音源から全方位に均質に拡がるのではない。特定の指向性をもち、高音になればなる程、指向性が鋭くなる。つまり音を聞く位置や角度によって音量も音質も微妙に変わるのである。聞くということは、空気や物体が振動し、刻々と変化するその波動のなかに身をゆだね、身体もその波動に共鳴し振動するのを知覚しながら、全身で時間と空間を体験することではないだろうか。おそらく音の記号作用は強固である。その強固な記号作用が一時的であるにせよ停止するのは、具体的な場において存在する時間・空間としての音を全身で捉え、聞くということを再発見する瞬間ではないだろうか。音のリアリティは、おそらくそこから現れてくるにちがいない。

ハイデガーの「不安という根本情調」——動物性と精神性の「間」

斧谷 彌守一

序、死の「リセット」

アルケール・ロザンヌ・ストーンは『電子メディア時代の多重人格』の中で、サイバースペース上の死について、次のような指摘をしている——ウィリアム・ギブソンの『ニューロマンサー』（一九八四年）では、「サイバースペースの『パーソン』の死は普通の空間の身体の死を意味し、その逆もまた然り(1)」という想定があったが、その後のシリーズではこの想定が捨てられた、というのである。その後、電子メディアは、例えばゲームの形で、無数のヴァーチャルな死を産み出してきた。電子メディア上の死は、物質的な身体の死とは関係なくリセットできるものだという観念が一般的なものとなった。

シェリー・タークルは、ヴァーチャル・リアリティについて、『接続された心』で次のように述べている——

> コンピュータもまた、物事を新しい方法で構築するものだ。プログラムで自然をシミュレートすることもできるし、本来の自然は放っておいて、想像力と抽象化の力にしか制限されない第二の自然を作り上げることもできる。画面上の

人生には原点《オリジン》も出発点《ファウンデーション》もないわけである。ここでは現物のための標識が現物にとってかわる。[2]

——電子メディア上では、死はいとも簡単にシミュレートすることができるものとなり、現実の死を指示対象とするはずの表象としての死（画面上の死）が現実の死にとってかわる、というわけである。

このような事態を早くから理論化していたのが、ジャン・ボードリヤールである。ボードリヤールの『象徴交換と死』（原著は一九七五年に出た）の中には、次のような定式化が見られる——

> つまり、全面的相対性の段階、全般的置換・組み合わせ・シミュレーションの段階である。あらゆる記号が互いに交換しあうが、今や決して実在と交換されることがないという意味でのシミュレーション〔……〕、記号の解放——何かを指示するという記号がかつてもっていた「古代的《アルカイック》な」義務から解き放たれると、記号はついに自由になって構造的あるいは組み合わせ的ゲームに参加するようになる。[3]

——このようにボードリヤールは、記号が現実の指示対象から解き放たれ自由にシミュレートすることができるものとなったことを指摘し、死さえもがそのような意味でコード化された記号と化してしまったとするのである。[4]

このような事態は、ゲームに没入していると、ゲームでは死をリセットすることができるので、リセットすることのできない現実の死との取り違えが生じてしまう、というような議論を招いた。だが、死のリセットは、古代神話における「死と再生」以来、物語等でも連綿と続いてきたことである。

本論では、死のリセット、シミュレーションという現象が生じてくるのはなぜかという問題を、主にハイデガーの「不安」論に拠りつつ考えてみたい。[5] 死のリセットという現象には、現今忘れられがちな、人間のリアリティの原点が秘められているのではないか。

ただし、「不安」という問題を考究する際には、一つは、キルケゴールの「不安」論、もう一つは、フロイト、メラニー・クライン、ラカンと続くフロイト派の「不安」論の系譜を参照すべきなのだが、本論ではその余裕がないので、それらの点については他日を期したい(6)。

一、リアリティの激変――阪神大震災

一九九五年一月十七日午前五時四十六分、阪神大震災が起きた。私の家は被害が比較的軽微な地域にあったのだが、それでも激しい縦揺れで文字通りたたき起こされた。ほぼ半年後に産經新聞に書いた文章を引用する――

阪神大震災。神戸市須磨区の我が家の揺れようも、尋常ではなかった。その時の、異様な速さで激しくたたみかけてくる揺れの感覚は、今でも身内から消えない。やがてテレビがついた。テレビの画面に阪神高速道路の倒壊現場、長田区の炎上の光景などが延々と映し出されてくる。

数日後に大学にでかけた。途中、地下鉄板宿駅からJR鷹取駅まで歩いた。一面に焼け落ちていた。テレビの画面で見ていたものとは、まったく違っていた。単に、画像ではない被災地現場の迫力というようなものではなかった。体を包み込む空気が、我が家の辺りのそれとはまったく異なっていた。心身にきりっと貼りついてくる粛然の気とでも言うしかない空気だった。その空気に身も心も感応しているのだが、その感応したものを言葉の形にまとめることができないままに、心身が麻痺しているような感覚だった。その後、毎日のように被災地を歩く度に、同じ粛然たる空気を感じた。

四月半ば、久しぶりに被災地を歩いた。粛然とした空気を感じることはもはやなかった。確かにその間に、崩壊した

家屋の解体と瓦礫の撤去が進行し、風景自体が変化していた。だが、空気の変化はそのせいばかりとは思えなかった。『瓦礫の街から——阪神大震災のうた』（学生社）という歌集に、次の一首があった——「ベッドもろとも揺り上げられてわななけるわれの咽びは獣のごとし」（西海隆子）。阪神・淡路地方のほとんどの人が、この短歌に言われているような、人間を「獣」へと還元してしまうほどの揺れを体験した。もちろん激甚な被災地では、それを遙かに上回る事態が起きた。被災地を歩くことは、単に被災した現場という空間を歩くことではなかった。震災からしばらくの間は、生きものとしての人間とその生の空間が壊滅した一回的な出来事の間近を歩いていたのだった。四月半ばには、その時間的な間近さが揮発し、粛然とした空気に同調する鋭敏さが自分の心身から消え失せてしまっていた。(7)

——「生きものとしての人間とその生の空間が壊滅した一回的な出来事の間近」には、言葉では言い表しがたい空気、心身にきりっと貼りついてくる粛然たる空気が漂っていた。心身がそのような空気に包み込まれて心身が麻痺してくるような感覚を覚えた。感受するリアリティのレベルが変容し、普段は意識していないレベルの感覚が剝き出しになったようだった。知覚的にも、倒壊したおびただしい数の建物を見ていると、まっすぐに立っている建物が傾いて見えるという現象を誰もが体験した。

この、言葉では言い表しがたい空気のことを、当時神戸大学医学部の精神科医であった安克昌は、同じく産經新聞に次のように書いていた——

五月末に久しぶりに神戸を離れ、仙台市を訪れた。ある学会に参加するためだった。風がここちよく、木々の緑が目にしみるようだった。町は清潔で、人々はのどかであるように思えた。／けれども、神戸とのあまりの違いに、私はみょうな居心地の悪さを感じた。自分がそこに参加していなくて、まるで映画を見ているような違和感があった。／神戸の町は食べ散らかした魚のようになっていた。あちらこちらで解体作業が進み、瓦礫となった柱や鉄骨が骨のようにむきだしになっていた。／粉塵が宙を舞う。しばらく町を歩いていると顔がほこりっぽくなり、のどが痛くなってくる。しかし、以前にくらべるとマスクをつけている人は少なくなった。／ダンプカーやパワーショベルが轟音を響かせて通り抜ける。ビルのコンクリートを削る音がガラガラ、ガシャンと聞こえてくる。そして空き地が少しずつ増えていく。／被災地の人たちは、このような風景にすっかりなれっこになっていた。だが、一歩被災地を出ると、あまりの落差に唖然とせざるをえなかった。／〔……〕／地震を体験し、今なお解体の進む被災地に住んでいるうちに、私は自分の価値観や感じ方が知らず知らず変化しているのに気づいた。ここではそれを仮に「リアル病」と呼ぼう。／地震による建物の破壊、身近にむきだしとなった生死のありさま……、それらはあまりにリアルな、疑いようのない事実としてある。圧倒的な地震体験や破壊された事物を前にして、人々はことばを失った。さまざまな感情がわき起こっても、ことばで表現できなかった。私は、ことばにすると嘘になってしまうと感じた。ことばを失わせてしまうほどに、リアルなものは情け容赦がない。そのことを私は思い知った。(8)

——私自身も、三月末に東京出張のために初めて大阪に出たとき、きらびやかな大阪の街がまるで映画の光景のように見える体験をした。華やかな大阪の都市風景がリアルなものとは感じられなかったのだ。

安は、「地震による建物の破壊、身近にむきだしとなった生死のありさま」の仮借のないリアリティをリアリティと感じるあり方を「リアル病」と呼ぶ。リアリティをリアリティと感じることがなぜ「病」なのか。被災地にはまさしく「ことばを失わせてしまうほどに、リアルなものは情け容赦がない」と言われるリアリティがあったのではないか。安が被災地の生々しいリアリティ感覚を「病」と呼ぶのは、その仮借のないリアリティ感覚のせいで、仙台の街に「まるで映画を見ているような違和感」を覚えたという点にある。元々、神戸の街も、仙台の街と大差なく清潔でのどかな街であったはずだ。その神戸の街が一瞬にして破壊された。リアリティの激変が生じたのだ。

「圧倒的な地震体験や破壊された事物を前にして、人々はことばを失った」という状態には、死と破壊の襲来に対して為す術もなかったという人間の無力感が現れている。清潔でのどかな仙台の街。為す術もなく破壊された神戸の街。この二つのリアリティの間に、人間の棲みついているリアリティの振幅の大きさが露わになっている。この二つのリアリティの間を架橋し、この二つのリアリティの間の連続性を探り当てねばならない。震災は、それなりに清潔でのどかだった神戸の街を瞬時に破壊した。つまり、震災は安寧から破壊への方向性で二つのリアリティの間を瞬時に架橋した。では、逆の方向性での、破壊から安寧への方向性での架橋はどのように生起するのか（このことが「死のリセット」の問題とつながってくるだろう）。

このような、日常生活の感覚から滑り落ち言葉を失う体験のイメージは、まるで遺伝子のように世代間で伝わっていく可能性があるようだ。山本昌代の「十二階」という中編小説では、祖母から孫へと関東大震災のイメージが伝えられる様子が次のように描かれている――

祖父も祖母も横浜の生まれである。／祖母は大正十二年、髪結いの奉公のため浅草馬町へ移り、そこで十年を過ごした。／私は浅草がどちらの方角でどういう場所なのか知らなかった。ただ祖母の話しぶりから大層賑やかなところであることだけ察しがついた。／春の初めに行って、九月に大震災があった。大きな地震など経験したこともない私には、それがどれほどの惨事であったか見当もつかなかった。／〔……〕／震災の話で一番よく覚えているのは、浅草公園の十二階の倒壊である。／赤煉瓦の物見の塔のような建物で、当時、人は小銭を払って中へ入り、塔を上った。最上階からは広い空と東都の下町が眺められた。／その十二階が、七、八階のあたりから崩れた。あっけなく中程から上が消えてしまった。／「あれっと思った」／祖母にも印象が深かったと見え、この十二階の話をする時は熱が入っていた。何度も同じ話を聴いた。不思議なもので、また同じ話かとうんざりすることはなく、何度聴いてもその度、新鮮な興味を覚えた。／高く聳える塔、まずそれ自体を自分の目で見た経験がなかった。それが一瞬のうちに瓦礫と化す、そのイメージが鮮烈だった。／「あれっと見たらもうなかった」／十二階を語る時、祖母は必ずこんな表現を使った。重厚な煉瓦建築のもろくも倒壊する光景は、何度も私の脳裏に現れた。後にどこで催されたか、関東大震災に関する展示会があり、大きく引き伸ばされた被災風景写真の一つに、半分ほど残った十二階の姿をみつけた時、郷愁さえ感じたものだ。祖母が繰り返し話すのを傍で聴いているうち、自分が当時現場に居合わせたような錯覚が心の内に巣食ってしまったらしかった。／ただ私の立つ大地は揺れていない。／高い塔だけが壊れていくのである。(9)

それから約二年後、「私」の姉が遠方の全寮制中学へ入学することになり、そのことを姉が祖母に伝える場面に「私」も同席している。祖母はふと、浅草へ髪結いの奉公に出た昔のことを思い出す――

「あたしが奉公に出たのも、ちょうどそのくらいの齢」だったね／「家が恋しかった」／姉がすかさず尋ねるのに目を戻し、／「全然、周りに同じくらいの齢の子が大勢いた」／と微笑んだ。／傍にいて話を聴いている私の目の前に、ふと壊れかけた十二階が現れた。なぜこんなものが今見えるのかと思った。煉瓦の崩れる音が幽かに耳の奥に反響した。私はその音を聞くともなしに聞きながら、祖母と姉の穏やかな笑顔を眺めていた。(10)

――姉が全寮制中学に入って最初の夏休みが近づいた頃、姉は寮の火事で焼死した。全寮制中学に入るための別れが、そのまま永遠の別れになってしまったのだ。しばらく、「私」は姉の死を死として受け入れることができなかった――

が、姉の死を事実として認め始めた頃から、あの時あの幻影を見たことを不吉な兆として思い返すようになった。もし、あの時、半壊した塔が目前に出現しなかったら姉は死なななかったのではないか、と思った。〔……〕そして以後、倒壊の幻は私の前に現れなくなった。(11)

「私」は大学生になり、文芸部に入った。文芸部の仲の良い男友達ができた――

秋になると、新入部員が一人入って来た。一年生で文学部所属という。彼女が初めて会合に姿を見せた時、偶然私だけそこにいた。それで少し話した。／「春に入ろうか迷って、結局入らなかったけど、やっぱり思い直して」／彼女はそういった。／「どんな小説を読むの」／と訊くので、／「あまり小説は読まない」／と答えた。／私は彼女を彼に紹介した。／三人で言葉を交わしている時、ふと、ものが崩れる音を聞いた。長いこと見なかった十二階の残像が幽かに目の前を過《よぎ》った。／なぜこんなものが見えるのだろう、と私は眉をひそめた。／二人は私の様子に気づかなかったが、やがて彼がこちらを見、／「どうしたの」／と訊いた。／「別に」／私は慌てて首を横に振った。そしてそれまでとは違った目で目の前の二人を眺めた。予感が胸を浸した。どうしてこんな兆を見るのだろう、それもごく自然なこととして。まったく疑いのないことに思われた。この二人は親しくなるに違いない、おそらく特別の意味で。／気づかぬうちに俯き加減になっていた。／目の前の彼はいつもと変わらない。私も彼も互いをいい友人と思って接している。決してそれ以上の感情はない。それなら祝福すべきだ。特別な人の出現を。／今まで三人で喋っていたはずが、久しく聞かなかった音と幻影のおかげで、二人と一人になった。／深い意味も理由もない悲しみがこみ上げた。なぜ悲しいのかわからなかった。悲しむ理由はどこにもないはずだ。／彼女が私を見て何か尋ねた。いい加減に返事をし、やがてその場を去った。／彼は呼び止めなかった。(12)

――「私」は「新入部員に彼をとられた人」と噂されることになった。「私」は、彼のことを「いい友人」と思っていただけだ、と述べるが、そこには、気づかぬうちに、恋愛感情が芽生え始めていた。実際「私」は、「こんな状態になって初めて彼に対する思慕の情を覚えた(13)」と述懐するのである。もし二人の間に新入部員が割って入ってこなければ、「私」と彼はゆっくりと恋愛感情を育み、やがて二人の間に子どもが生まれてくるという可能性があっただろう。そのような芽生えつつある可能性を新入部員が奪い取ってしまったことになる。「私」と彼との間に生まれてきたかもしれない生（性）の連鎖が断ち切られ、破壊されたのだ。

こうして「私」が、祖母から関東大震災の話を繰り返し聞き、浅草の十二階が一瞬のうちに倒壊したイメージを心にありありと焼き付けた結果、姉が遠方へ去っていくことを知った時、男友達を失い、その人との間に将来生まれたかもしれない自分たちの子孫が失われていくことを無意識のうちに予感した時——要するに、いとおしい生の連鎖の破断を予感した時、圧倒的な破壊を象徴するものとしての十二階倒壊のイメージがありありと甦るのである。

人類は、太古以来繰り返し、天変地異や驚天動地の災厄に見舞われつつ生き延びてきた。死と破壊の近接に感応する感覚が、DNAレベルで人間の奥深くに埋め込まれているのではないか。たとえそれが勘違いに終わるとしても、あるいは、失敗に終わるとしても、死と破壊が迫ってくると鋭敏に感応し待機態勢に入るメカニズムが備わっているのではないか。

二、恐れと不安

阪神大震災において、激しい縦揺れで文字通りたたき起こされた場面で我々が直面した事態は、普通「恐れ〔恐怖〕」と称されるものだろう。ハイデガーは『存在と時間』（一九二七年）で、「恐れ」について次のように述べている——

> それのみが「恐ろしい」（furchtbar）ものであり得る脅《おびや》かし、恐れ〔恐怖〕（Furcht）の中で見つけ出される脅かしは常に、内世界的な存在するものに由来する。(14)

――「内世界的な存在するもの」とは、物質的に存在するもののことである。「恐れ〔恐怖〕」を掻き立てる脅かしは、物質レベルに由来するというのである。実際、一九九五年一月十七日午前五時四十六分に我々を突如「恐れ〔恐怖〕」に陥れた揺れは、物質レベルで、マグニチュード七・二と測定され、震源地は淡路島直下と特定された。震度七の揺れはまさしく「内世界的な存在するもの」のレベルの出来事だったのである。

その時の「恐れ〔恐怖〕」は死の「恐れ〔恐怖〕」を伴う強烈なものであったが、ハイデガーによれば、その場合の死は、動物として息絶えるというレベルの死であって、人間として真に死に向き合っていることではない――

命が絶えること（Ableben）に向き合うことへの怖れ〔恐怖〕は、死に向き合うことへの不安（Angst）と混同されてはならない。[15]

それに対して、私が数日後に激甚な被災地を歩いたときに感じた「心身にきりっと貼りついてくる粛然の気とでも言うしかない空気」、「身も心も感応しているのだが、その感応したものを言葉の形にまとめることができないままに、心身が麻痺しているような感覚」は何だったのだろう。確かにその感覚に、一面に焼け落ちた被災地現場にいるという物質的現実が関与していたのは間違いないだろう。しかし、その感覚は上述の「恐れ〔恐怖〕」とは明らかに違う。物質的に測定可能な震度七の本震は終わっている。本震以上の余震が来ないことは分かっている。あの粛然たる空気は、動物として息絶えること、「命が絶えること」への「恐れ〔恐怖〕」というより、ハイデガーの言う「死に向き合うことへの不安」と同質のものではなかったのか。

ハイデガーによれば、脅かしがどこから来るかが物質レベルで特定できる「恐れ〔恐怖〕」の場合とは違って、「不安」の場合は、その対象を特定することができない――

不安が向かい合っているものは世界‐内‐存在そのものである。〔……〕不安が向かい合っているものは内世界的な存在するものではない。〔……〕不安が向かい合っているものは完全に無規定である。[16]

――「不安」が向かい合っているものは、「内世界的な存在するもの」、物質レベルのものではなく、「世界‐内‐存在」、つまり、「世界」の中にある人間存在のあり方そのものという、ある意味では「完全に無規定な」ものである。ハイデガーの『存在と時間』によれば、人間は「現に〔ここに〕」(Da)という場所に既に投げ込まれているという意味で「現‐存在」(Da-sein)である。人間は「現に」という場所に既に居る「自らを見出す」(sich befinden)ことになる。「現に」という場所、ある状況の中に既に居る「自らを見出す」ということが、「情態性」(Befindlichkeit)である。ハイデガーは、「不安」を「根本情態性」(Grundbefindlichkeit)と呼ぶ。なぜなら、「不安」においてこそ、「現に」という場所の根本的様相が最も顕著に現れるからである。その根本的様相とは、「現に」という場所が「世界性」(Weltlichkeit)として開かれた場所であるということである。

こうしてハイデガーは、『存在と時間』の中の「現存在の際立った開示性としての、不安という根本情態性」という節で、先ほど引用したように、「不安が向かい合っているものは世界‐内‐存在そのものである」と述べることになる。ハイデガーによれば、「不安」においてこそ、人間の棲んでいる「世界」が開示されるのである。「不安」において人間は「世界」そのものに包み込まれているのだから、「不安が向かい合っているものは完全に無規定である」ことになる。

古東哲明『ハイデガー＝存在神秘の哲学』は、哲学者のハイデガー本としては珍しいことに、具体的な素材に即してハイデガー思想を考えようとする姿勢に貫かれたユニークな本だが、「不安」についても、次のような具体的描写をしている――

その地底にひびく根本気分〔拙訳では「根本情調」〕（不安）が突然噴きだすことがある。ＮＧ。スムーズに流れていた舞台劇が停滞したり、破綻するときである。きっかけはいろいろ。ささいな失敗だとか、愛しい人を失った痛苦だとか。そのとき、役柄上の自分から亀裂した生身の自分がニョッきり顔をだす。なれ親しんでいた自明な世界舞台全体が、なんだか嘘っぽく、じつに居心地のわるい場所と化す。大道具も小道具も、共演者たちも、そこに貫通していたいろんなシナリオ（規範・道徳・習慣）もすべてが、そのなれ親しんだ表情を剝落させ、不気味な相貌（非有意義性）で押し迫ってくる。離婚を決意した日の家庭劇のように。(17)

――「愛しい人を失った痛苦」は山本昌代の「十二階」に共通する要素だが、全体として古東の描写する「不安」状況はいまだ、「ささいな失敗」「規範・道徳・習慣」「離婚」とかの具体的な事柄、「内世界的な存在するもの」に規定され、「不安」の根本レベルに達していないのではないか。

ハイデガーによれば、人間が既に投げ込まれている「現に」という場所そのものに脅かすものの気配が充ちているのだ。だが、その脅かすものを対象として特定することはできない。この、脅かすものを特定することができない、それゆえ、脅かすものに対処しようがない、という状況が、「不安」の中にあるということである――

〔……〕脅かすものがどこにもないということが、不安の向かい合っているものを特徴づけている。〔……〕脅かすものはそれゆえ、近さの内部の特定の方向から近づいてくるのでもなく、脅かすものはすでに「現に」ある――だがそれにもかかわらず、どこにもない――脅かすものがあまりにも近いので、それは締めつけ(beengen)、人の息を詰まらせる――だがそれにもかかわらず、どこにもない。(18)

――私が被災地で感じた、感応しつつ心身が麻痺しているような感覚は、このハイデガーの「不安」の描写にぴたりと呼応してくるのではないだろうか。私が初めて歩いた激甚な被災地は、「脅かすものはすでに『現に』ある」場所だったと言えるのではないか。「脅かすものがあまりにも近いので、それは締めつけ、人の息を詰まらせる——だがそれにもかかわらず、どこにもない」というハイデガーの描写は、私が被災地で感じた「心身にきりっと貼りついてくる粛然の気とでも言うしかない空気」、「身も心も感応しているのだが、その感応したものを言葉の形にまとめることができないままに、心身が麻痺しているような感覚」とほとんど同じ状態を描写していると言えるのではないか。

安は、「瓦礫となった柱や鉄骨が骨のようにむきだしになっていた」、「粉塵が宙を舞う」のような特定の対象の描写をしていたが、安が「ことばを失わせてしまうほどに、リアルなものは情け容赦がない」と述べる際には、そのような特定の現象を包み込む全体としての仮借のないリアリティのことを念頭に置いているだろう。その状態は、ハイデガーの言う「不安」に当たるだろう。

山本昌代の「十二階」では、十二階倒壊のイメージが現れるのは、姉が遠方へ去っていく予感、男友達を失い、その人との間に将来生まれたかもしれない自分たちの子孫が失われていくことの予感という具合に、具体的な事柄が機縁になっていたようだが、実はそれはすべて言葉では言えない予感であって、特定の事柄として語れるような認識ではなかった。実際、男友達を失う予感の場面は、次のように描写されていた——「深い意味も理由もない悲しみがこみ上げた。なぜ悲しいのかわからなかった。悲しむ理由はどこにもないはずだ」。十二階倒壊のイメージが現れるのも、対象の特定できない「不安」の状態と言っていいだろう。

このような「不安」の状態にあるとき、我々は、単に動物レベルで息絶えるという事態に向き合っているのではなく、人間として死と向かい合っている。人間の生が絶えず死に向かい合った形で存在すること、人間という現存在が「死の許に存在すること」(Sein zum Tode) であることを、「不安」が露わにするのである——

> 不安は、個々人の、任意で偶然の「弱々しい」情調ではなく、現存在の根本情調 (Grundstimmung) としてあり、投げ

られて存在することとしての現存在が自らの終焉の許に実存する（existieren）ことの開示態である。(19)

死の許に存在することは本質的に、不安である。(20)

――人間という現存在が「自らの終焉の許に実存すること」「死の許に存在すること」には、自らの死に向かい合うことだけでなく、自らの種の連鎖と断絶に向かい合うことも、つまり、生＝性に向かい合うことも含まれているのではないか。

ハイデガーには、死と性の混合という視点が欠けているのだが、フロイトは『快感原則の彼岸』以降、死の衝動と生（性）の衝動との対立・混合の問題を考え続けた。山本昌代の「十二階」で、新入部員に彼を奪われることを本能的に直観した「私」に十二階倒壊のイメージが現れたのは、芽生えつつあった自らの種の連鎖（生＝性）の可能性が破壊されることを予感したからだろう。

いずれにしても、さきほどのハイデガーからの引用にも「不安は、個々人の、任意で偶然の『弱々しい』情調ではなく、現存在の根本情調としてあり」とあったように、「不安」は、人間の心が抱く情調（気分）といった類のものではない。「不安」の際には、人間が投げ込まれている「現に」という場所、「世界」という場所が既に「不安」という情調に充たされており、人間はその「不安」という情調に包み込まれているのである。

メダルト・ボスは『医学・心理学概説』で、「不安を持っている（不安を抱く）」（Angst haben）という言い方について次のように述べている――

次のことが明らかになる――「持たれたもの」のように見えるもの、不安は、まさしく「持たれたもの」などではない。むしろ反対に、不安が人間を持っている、と言うことができるかもしれない。〔……〕誰かが不安を持っている、ということは根本的には、その人が不安の中に自らを見出す、ということである。もっと厳密に言えば、不安を持っているということは、かくかくしかじかの状態で自らを‐見出す(Sich-befinden)、ということである。それ故、人間という現存在が特定の状態で見出されるということ〔人間という現存在の特定の情態性(Befindlichkeit)〕、及び、特定の状態に情調づけられているということ〔特定の情調性(Gestimmtheit)〕のことを我々は不安と呼ぶのである。(21)

――ボスはここで、「不安」を「特定の情態性」「特定の情調性」と呼んでいるが、それは正確ではない。ハイデガーの考えによれば、「不安」は現存在の「根本情態性」「根本情調」として、現存在が気づかぬうちに絶えず現存在の棲む「世界」を充たし支えているのである。

三、動物性と精神性の「間」

ハイデガーは『存在と時間』に続く『形而上学とは何か』(一九二九年)において、「不安」の状態を次のように生々しく描写している――

不安は無(Nichts)を露わにする。/我々は不安の中に「宙吊りになる」。もっとはっきりと言えば――不安は、存在するもの全体を滑り落ちさせるがゆえに、我々を宙吊りにする。そのことの中に含まれているのは、我々自身――この存在する〔存在するもののレベルの〕人間たち――が、存在するものの只中で我々自身の許から滑り落ちるということである。〔……〕このような宙吊りの激しい揺れの中にある純粋な現‐存在(Da-sein)のみが辛うじて現にここにあり、この激しい揺れの中では、現‐存在がすがりつくことのできるものは何もない。(22)

――「不安」は、人間という現存在から、物質的な「存在するもの全体」、物質的な世界全体を滑り落ちさせ、「不安」において、人間という現存在は「無」の中に「宙吊りになる」というのである。物質的なものは何もなくなるのだから、「この〔宙吊りの〕激しい揺れの中では、現‐存在がすがりつくことのできるものは何もない」ということになる。

第二節で『存在と時間』から次のような箇所を引用した――

脅かすものはすでに「現に」ある――だがそれにもかかわらず、どこにもない――脅かすものがあまりにも近いので、それは締めつけ(beengen)、人の息を詰まらせる――だがそれにもかかわらず、どこにもない。

――この「beengen」(締めつける〔狭くする〕)の「engen」は、「Angst」(不安)と語源が同じである。人間は、物質的な世界の只中にありつつ「締めつけ」「息を詰まらせる」「不安」という根本情調の「狭い」(eng)通路、「隘路」(Engpaß)に入ることによって、物質的な世界から、「無」の領域における「宙吊り」の状態へと「滑り落ちる」のではないか。後期ハイデガーは、「実存する」(existieren)という用語を語源的に「外へ‐出で立つ」(ek-sistieren)と分かち書きする。「現存在が実存する」ということは、後期ハイデガーにおいては、「現存在が外へ‐出で立つ」ということになる。この「外」が、「不安」という根本情調の「狭い」通路に入りつつ滑り落ちていく「無」の領域のことではあるまいか。「無」の領域は、「存在するもの」という物質レベルの基準から見れば、文字通り何もない領域、「現‐存在がすがりつくことのできるものは何もない」領域なのだが、「存在するもの」という物質レベルから「外へ‐出で立っ」た領域＝「存在」の領域としては、単に何もない虚無の領域ではない――

存在における無化作用(das Nichten)は、私が無と呼ぶものの本質である。(23)

――「存在するもの」という物質的レベルの「外」の領域＝「無」の領域＝「存在」の領域は、単なる虚無の領域ではなく、「無化作用」が生起している領域、物質レベルの「存在するもの」を絶えず「無化すること」が生起している領域なのである。

「存在」そのものは感知不能なものであるのだが――

存在は、自らを明け開きつつ、言葉へと到来する。(24)

――「存在」は「言葉へと到来する」ことによって初めて感知可能なものとなる。結局、「存在」は「言葉」（語）において、感知し得るものとして生起するのであり、「存在は語において本質現成《げんじょう》する〔本質的に存在する〕(25)」のだから、「存在における無化作用は、私が無と呼ぶものの本質である」という上記の文を、「言葉における無化作用は、私が無と呼ぶものの本質である」と言い換えることができるだろう。言葉における「無化作用」こそ、言葉の根元的あり方である。つまり、言葉は、物質レベルのものを「無化する」ことによって、あらゆる物質レベルのものが「情調」レベルのものとなる領域を開くのである。

死と破壊が襲来すると、動物としての人間は個としても種としても絶滅することを「恐れる」。絶滅することを「恐れる」ことにおいて、人間は他の動物と変わらない。人間は、死と破壊が実際に襲来していなくても、死と破壊の間近にいることを感知する。感知すれば、何らかの対処をする。あるいは、死と破壊に対する何らかの予防措置、安全策を講ずる。これらのことも他の動物と変わらない。しかし、実際に圧倒的な死と破壊が襲来すれば、人間も他の動物も結局はそれを受動的に甘受するしかない。そのようにして絶滅していった種も多い。

人間は、安寧の中にあっても、いつ襲来するか分からない死と破壊の気配に感応する待機態勢を取り続けるようになり、その負荷に徹底的に耐え抜いたのではないか。そのような待機態勢がある一定の濃度に達した時、人間は「不安」（Angst）という「狭さ」（Enge）の中へ入っていった。「不安」という「根本情調」（Grundstimmung）が生まれた。「生」の只中にありつつ絶えず「死」に向かい合っている状態、「不安」（Angst）という「締めつける」（beengen）「狭さ」（Enge）の中にあり続ける状態である。このような「根本情調」の中で、あらゆる物質レベルのものが「無化」され、「情調化〔調律〕」（stimmen）され、「情調（Stimmung）のかたまり」、「想念のかたまり」のようなものが生まれてくる。

この「想念のかたまり」のようなものは、村上春樹が阪神大震災を機縁にして書いた短編「アイロンのある風景」の次のような描写に近いものだろう——

> 順子はいつものようにジャック・ロンドンの『たき火』のことを思った。アラスカ奥地の雪の中で、一人で旅をする男が火をおこそうとする話だ。火がつかなければ、彼は確実に凍死してしまう。〔……〕物語の情景はとても自然にいきいきと彼女の頭に浮かんできた。死の瀬戸際《せとぎわ》にいる男の心臓の鼓動や、恐怖や希望や絶望を、自分自身のことのように切実に感じとることができた。でもその物語の中で、何より重要だったのは、基本的にはその男が死を求めているという事実だった。彼女にはそれがわかった。うまく理由を説明することはできない。ただ最初から理解できたのだ。この旅人はほんとうは死を求めている。それが自分にはふさわしい結末だと知っている。それにもかかわらず、彼は全力を尽して闘わなくてはならない。生き残ることを目的として、圧倒的なるものを相手に闘わなくてはならないのだ。順子を深いところで揺さぶったのは、物語の中心にあるそのような根元的ともいえる矛盾性だった。[26]
>
> そのとき順子は、焚き火の炎を見ていて、そこに何かをふと感じることになった。何か深いものだった。気持ちのかたまりとでも言えばいいのだろうか、観念と呼ぶにはあまりにも生々しく、現実的な重みを持ったものだった。それは彼女の体のなかをゆっくりと駆け抜け、懐《なつ》かしいような、胸をしめつけるような、不思議な感触だけを残してどこかに消えていった。それが消えてからしばらくのあいだ、彼女の腕には鳥肌のようなものがたっていた。[27]

――このように、間近な死に向かい合いつつ生きようとする「根元的ともいえる矛盾性」の中から、つまり、「胸をしめつけるような」「不安」という「根本情調」の中から、「観念と呼ぶにはあまりにも生々しく、現実的な重みを持ったもの」、「気持ちのかたまり」とも言うべきものが生まれてくる。

この「想念のかたまり」のようなものこそ、言葉というものの元基ではないだろうか。私が数日後に激甚な被災地を歩いたときに感じた「心身にきりっと貼りついてくる粛然の気とでも言うしかない空気」、「身も心も感応しているのだが、その感応したものを言葉の形にまとめることができないままに、心身が麻痺しているような感覚」、安が「リアル病」と呼んだもの、安が「圧倒的な地震体験や破壊された事物を前にして、人々はことばを失った。さまざまな感情がわき起こっても、ことばで表現できなかった。〔……〕ことばを失わせてしまうほどに、リアルなものは情け容赦がない」と描写したもの、山本昌代の「十二階」で、姉が去っていくことを知った時、男友達と自分たちの生（性）の連鎖が失われていくことを無意識に予感した時、「私」の許にありありと出現した十二階倒壊のイメージ――これらの生々しい「想念のかたまり」とも言うべきものは、言葉が原初的に懐胎された状態と言えるのではないか。

もちろん、このような「想念のかたまり」は、いまだ、言葉そのものでは言い表せない原初的情調・想念・イメージであり（十二階倒壊のイメージは鮮烈なイメージではあるが、言葉では言い表しがたい非常に原初的な圧倒的イメージである）、いまだ、音声的・概念的に分節化された言葉そのものではない。しかし、このような「想念のかたまり」にこそ、言葉そのものの原点があるだろう。分節化された言葉は本来的に、このような原初的情調性、原初的想念性、原初的イメージ性によって支えられている。(28)

物質レベルから「無化」された「想念のかたまり」の領域が成立し始めるや否や、言葉という仮想領域が一挙に生成する。言葉という仮想領域では、あらゆることを物質的現実から離れた様態でシミュレートすることができる。この領域では、死と破壊の実際の襲来から離れた形で死と破壊を、更に、その予防策を想定・シミュレートすることができる。無防備のまま死と破壊に晒された状態から脱して何らかの形で安全を確保することのできる方途が探られる。

そのためには、かくかくしかじかの条件では死と破壊を避けられないという、死と破壊のシミュレーションが絶えず繰り返される必要がある。こうして、ともかく安全を確保する方策がさまざまに開発されたからこそ、現在の地球上に人類が溢れる状態が招来された。

序で述べた、ゲームにおける「死のリセット」は、このような死と破壊のシミュレーションの延長線上に位置している。しかし、元々、「不安」という「根本情調」の中から「想念のかたまり」が生まれてくることによって、そのような死と破壊のシミュレーションが可能となったのである。ゲームにおける「死のリセット」は、元来、「生」の只中にありつつ絶えず「死」に向かい合っている「不安」によって支えられているのである。

逆説的なことには、「不安」という「締めつける」「狭さ」の中にあり続けることよって、かえって、広大無辺な領域が開けたことになる。あらゆるものが「無化」され、「情調」的なものとなり、現実から離れた形で感知されるものとなり、シミュレートされるものとなったのである。こうして、死と破壊を「恐れる」動物性の只中から、死と破壊への「不安」に基礎づけられた、ある種の精神性の領域、物質性な「対象」に拘束されることのない精神性の領域が生まれた。「不安」という「締めつける」「狭い」の空間の中に、「動物性と精神性」、「身体性と根本情調性」の「間」の領域が生成したのである。

この「動物性～精神性」、「身体性～根本情調性」の「間」の領域のそれぞれの極同士の関係は、ヴィクトーア・フォン・ヴァイツゼッカーの木村敏訳で使われた用語を借用して、「相即」（Kohärenz）（分裂可能な統一性）[29]の関係と呼ぶのがふさわしいのではないか。それぞれの極は、明瞭に区別され得る異なったレベルにあるが、また同時に、ぴったりと貼りついてもいるのである。この「動物性～精神性」、「身体性～根本情調性」の「間」の領域は、市川浩が『〈身〉の構造』で唱えた「身」にも相当するものだろう。[30]「心構え」という言い方に対して、「身構え」という言い方の方が、全身全霊を挙げて構えるという感覚がはるかに強くなる、という場合の「身」というあり方のことである。

「身体性～根本情調性」の極同士の「相即」という関係は、次のような激越な現象を引き起こすことがある。メダルト・ボス『心身医学』から引用してみよう――

> 身体的なものにおいても、不安という情調は明瞭な共振を引き起こす。共振現象は、ある時は全身が不安の内に縮こまるという形で、抱きかかえるように四本の手足を引き寄せるという不安の身振りという形で生じる。しかし、身体の内部においても、喉が詰まり、心臓が痙攣し、激しい腸や膀胱の収縮によって身体の最奥部さえもがレモンのように絞り出される。(31)

――もちろん、このような激越な現象は日常的なものではないが、我々の普段の「情調」(気分)も、「身体性〜根本情調性」の極同士の「相即」という関係に支えられている。ちょっとした気分のあり方が自分ではどうしてもコントロールできない、体調が悪いわけでもないのに今日はどうも調子がよくない、ということは、誰にでもある。これに近いレベルでは、第二節で引用した古東による「不安」の描写が有効だろう。

ハイデガーは、「不安が向かい合っているものは世界‐内‐存在そのものである」と述べていた。人間という現存在は、「不安」という「根本情調」によって充たされた「世界」に棲んでいる。この「世界」では、「身体性〜根本情調性」の極同士が「相即」という関係にあるのだから、身体の置かれた客観的世界と、情調の生起する主観とは、やはり「相即」という関係にあることになり、主客の区別はできるが、主客を切り離すことはできない。人間という現存在においては、客体と主体、身体と情調、物質と精神は通じ合っている。その通じ合う様を、次の短歌は、切なく残酷に、だが同時に、ユーモラスに描いている――

> 秋天《あきぞら》に告げたきことのあるらしく内腑ぎしぎし立ちあがりたり　(辰巳泰子)(32)

このようにして生まれた「動物性~精神性」、「身体性~根本情調性」の「間」の領域は、その成り立ちのゆえに、根本的な矛盾を孕んでいる。「間」のバランスが失われ、片方の極、精神性の極、あるいは、動物性の極に過度に傾斜してしまう可能性が生じるのである。動物性の極に傾く可能性は、例えば、狼によって育てられたカマラとアマラのような例によって知られる。[33] 逆に、精神性の極に過度に傾くと、「不安」という「根本情調」に呑み込まれ、絶えず死に向かい合っているという意識が肥大化してしまう可能性がある(自死の可能性)。また、物質レベルを「無化する」ことが過度に進むことによって物質性・身体性との「相即」感が失われ、物質的・身体的存在感が希薄化してしまう可能性がある。このことは、情調によって支えられた言葉が情調を失い記号へと頽落していく危険性につながる。

ゲームにおける「死のリセット」もそのような記号への頽落の一形態だろうが、ただ、ゲームにおける「死」もその根底は「不安」という情調に支えられているがゆえに、ゲームの持つ秘められた癒し(死と再生)の可能性と、ゲームによって「不安」という情調が増幅されてしまう危険性が生じてくるだろう。ゲーム上の「死」さえも、完全にコード化された記号と化すことはない。現今の大きな問題は、実際の「死」の重さを実感することなくゲームの世界に耽溺している場合、つまり、「死」という言葉が実際の「死」との「相即」感を獲得していない場合、ゲーム上の「死」も情調に支えられているが故に、ゲーム上の「死」にまつわる情調しか知らないことになる、ということではないだろうか。

註

(1) アルケール・ロザンヌ・ストーン『電子メディア時代の多重人格——欲望とテクノロジーの戦い』半田智久・加藤久枝訳、新曜社、一九九九年、四八‐四九頁。
(2) シェリー・タークル『接続された心——インターネット時代のアイデンティティ』日暮雅通訳、早川書房、一九九八年、六一頁。
(3) ジャン・ボードリヤール『象徴交換と死』、今村仁司・塚原史訳、筑摩書房、一九八六年、一九頁。
(4) ジャン・ボードリヤール『象徴交換と死』、三八〇頁。
(5) 実は、後期ハイデガーにおいては「不安」概念は後景に退いていくのだが、我々は後期ハイデガーの言説に敢えて「不安」概念を適用していく。この点については、拙論「静けさの響き——ハイデガー／フロイト／ユング」(本シリーズ第四巻)を参照。
(6) フロイトとメラニー・クラインについては、拙論「静けさの響き」で若干触れておいた。
(7) 斧谷彌守一「死んだ現実・生きた言葉」、『産經新聞』一九九五年七月六日夕刊(大阪)。
(8) 安克昌『心の傷を癒すということ』作品社、一九九六年、一八二‐八四頁。
(9) 山本昌代「十二階」、『手紙』岩波書店、二〇〇一年、八‐一〇頁。
(10) 山本昌代「十二階」、一七頁。
(11) 山本昌代「十二階」、二六頁。
(12) 山本昌代「十二階」、三五‐三六頁。
(13) 山本昌代「十二階」、三七頁。
(14) Martin Heidegger, *Sein und Zeit* (1927), in *Gesamtausgabe*, Bd. 2, Frankfurt a. M., 1977, S. 247.
(15) Martin Heidegger, *Sein und Zeit*, S. 334.
(16) Martin Heidegger, *Sein und Zeit*, S. 247.
(17) 古東哲明『ハイデガー＝存在神秘の哲学』講談社現代新書、二〇〇二年、一一二‐一一三頁。
(18) Martin Heidegger, *Sein und Zeit*, S. 248.

(19) Martin Heidegger, *Sein und Zeit*, S. 334.
(20) Martin Heidegger, *Sein und Zeit*, S. 353.
(21) Medard Boss, *Grundriß der Medizin und Psychologie*, Bern / Göttingen / Toronto / Seattle, 1999, S. 266f.
(22) Martin Heidegger, *Was ist Metaphysik ?* (1929) aus : *Wegmarken*, in : *Gesamtausgabe*, Bd. 9, Frankfurt a. M., 1976, S. 112.
(23) Martin Heidegger, *Brief über den »Humanismus«* (1946), aus : *Wegmarken*, in : *Gesamtausgabe*, Bd. 9, Frankfurt a. M., 1976, S. 360.
(24) Martin Heidegger, *Brief über den »Humanismus«*, S. 361.
(25) Martin Heidegger, *Wozu Dichter* (1946) aus : *Holzwege*, 1950, in : *Gesamtausgabe*, Bd. 5, Frankfurt a. M., 1977, S. 310.
(26) 村上春樹「アイロンのある風景」（一九九九年）、『神の子どもたちはみな踊る』新潮文庫、二〇〇〇年、五二 - 五三頁。
(27) 村上春樹「アイロンのある風景」、六三頁。
(28) 言葉の「情調」の具体相については、拙論「静けさの響き」を参照。
(29) Viktor von Weizsäcker, *Der Gestaltkreis*, Stuttgart / New York, 1996, S. 202. ヴィクトーア・フォン・ヴァイツゼッカー『ゲシュタルトクライス』木村敏・濱中淑彦訳、みすず書房、二〇〇一年、三〇七頁。
(30) 市川浩『〈身〉の構造』講談社学術文庫、一九九三年。
(31) Medard Boss, *Psychosomatische Medizin*, Bern / Stuttgart, 1954, S. 69.
(32) 『現代短歌最前線 下巻』北溟社、二〇〇一年、一八頁。
(33) J・A・L・シング『狼に育てられた子』（中野善達・清水知子訳、福村出版、一九八九年）を参照。

電脳時代のグロテスク・リアリティ

川田　都樹子

樂しむそなたの肉を膺して、
あけすけな胸を刺し、
あわてるそなたの脇腹に
ぱつくりと風穴あけて、

より鮮かで美しい
新しく出來たこの脣から
僕の毒をば注ぎ込んだら、
目が眩むほど氣持が良からう！　おお妹よ！

ボードレール「陽氣すぎる女に」(1)

はじめに

ジョルジュ・バタイユが、当時分析治療を受けていた精神科医アドリアン・ボレルから、恐るべき写真を手渡されたのは一九二五年、バタイユ二十八歳の時だった。それは、一九〇五年に中国で行われた凌遅刑、いわゆる「百刻みの刑」を、現場に居合わせたルイ・カルポが撮影し、一九二三年にジョルジュ・デュマが『心理学概説』に掲載した写真だったという（図1）。気を失わないよう大量の阿片を与えられ、生きたまま切り刻みにされる若い中国人の写真、その受刑者の「恍惚とした顔」。バタイユは生涯、この写真に惹かれ続けることになる。それから三十五年後の一九六一年、自らの死を目前にして、バタイユは最期の著作『エロスの涙』に（しかもその「結論に代えて」）この写真を掲載したのだった。

この写真は私の人生で決定的な役割を持った。恍惚としていると同時に耐えがたい表情であるこの苦痛の図は、いつまでも私の頭から離れなかった。〔中略〕その荒々しさ——私は、今日なお、これ以上に気違いじみており〔ママ〕、これ以上に恐ろしい荒々しさを提出することはできない——に私はとても仰天して、恍惚としたほどだった。〔中略〕突然、私が目にし、私を苦悶の中に閉じ込めた——しかし、同時に私をそこから救い出した——のは、神聖な恍惚と極度の恐怖という二つの完全な対立物が同一のものだということだった。[2]

見るもおぞましいこの映像に、しかし強烈な魅力を見てとる感性は、なにもバタイユ一人に限ったことではないようだ。実際、今から十年ほど前には、この同じ写真をジャケットに使う音楽CDが出回って話題になった[3]し、それどころか、インターネット上の某サイト[4]では、凌遅刑の様子を鮮明な動画で見ることさえできた。足を、手を、順々に切断され、肉を剝ぎ取られ、血みどろになりながら、しかしいつまでも口元にうっすら微笑みを浮かべる犠牲者、その見開いた眼線が中空を漂う……そんな一部始終を、いったい何人の人間がコンピュータの画面ごしに眺めたことだろう。そしてまた、バタイユは言った。

> 現実の処刑を夢みるばかりで果たしえず、見物さえできなかったサド侯爵が、この写真を見たら、どんな態度を取っただろうかと想像してみる。何らかの方法で、彼はこの写真をたえず目の前に置いたことだろう。

さらに四十年を経た今、私たちは思う。現状をバタイユが見たらどんな態度を取っただろうか、と。彼が特殊なルートでしか入手できなかったあの写真ばかりか、それ以上にグロテスクな「残虐映像」が至る所に氾濫している現状を、である。実際、今では残虐映像を蒐集し公開するインターネットのホーム・ページの数たるや、想像を絶するものがあるのだ。そしてまた、バタイユはこう言葉を続けていた。

> だが、サドは孤独の中、少なくとも、ある程度の孤独の中で、これを見たいと思ったことだろう。そのような孤独がなければ、恍惚とした快楽を得る解決は考えられないのである。[5]

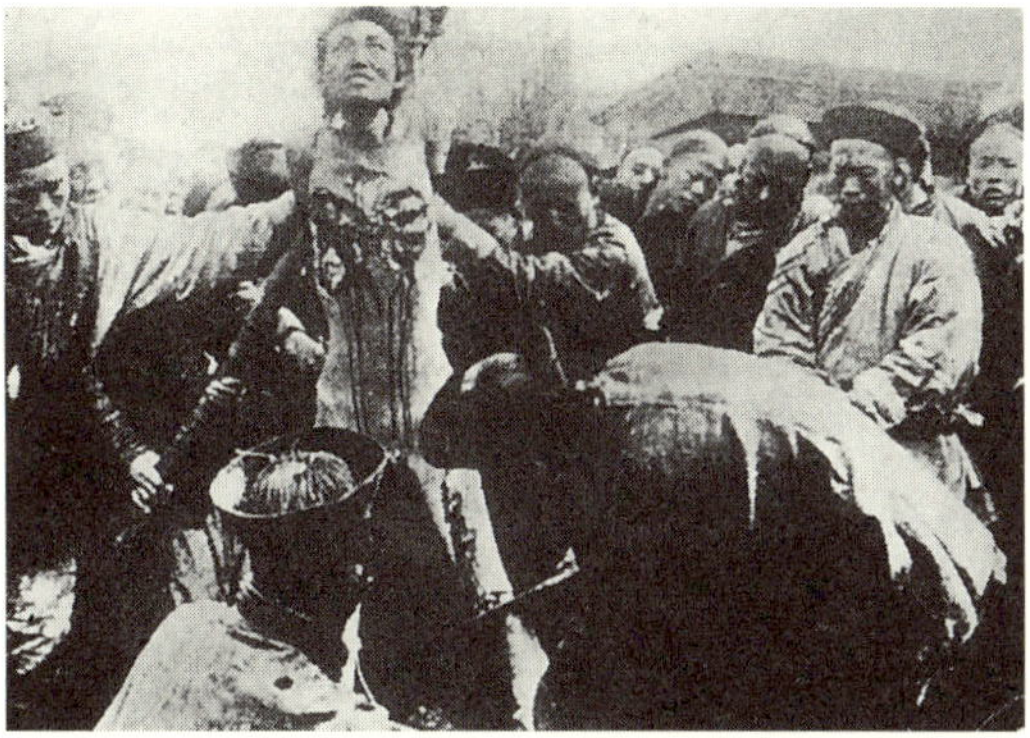

図1　ジョルジュ・バタイユ『エロスの涙』(1961年刊)**に掲載された「百刻みの刑」の写真**

バタイユの言うとおり、今でもグロテスクな映像サイトにアクセスする現代人たちはやはり、おそらくは自分の部屋でパーソナル・コンピュータに向かうという「孤独の中」にいるに違いない。

以下では、まず「グロテスクなもの」の意味を改めて確認し、ついで電脳空間における「グロテスク映像」の氾濫が意味するものを、順次たどってみようと思う。

「グロテスク」——アンビヴァレントな他者性

「グロテスク」——この言葉は、今では一般に、胸の悪くなるような奇怪なものを目にしたときに使う言葉であろう。しかもたいてい暴力的な残虐さを連想させるもの（例えば切断された肉体の一部や屍体）、人体や生物を思わせる形がいびつに変形・歪曲されているもの（身体の損傷や奇形など）を指していうことが多いようである。あるいは、それからの連想であろうか、普段は皮膚の下に隠されていて目にすることのない身体の内部（内蔵や血液など）、また肉体内部から外に流出・排泄されたもの（吐瀉物や糞尿）なども、白日の下では容易に「グロテスク」なものになる。

この「グロテスク」という言葉の誕生は、W・カイザーによれば、ルネサンスにまでさかのぼることができる。[6] 一般に、ギリシャ・ローマの古典古代の知的文化的遺産を再発見し復興した時代であるルネサンスは、「人間性の回復の時代」とも言われる通り、写実性と理想性をあわせもつ古代ギリシャ彫刻を範とし、理想的で優美な人体表現が追求された時代である。だが一方で、その同じ時に、「理想美」とは対極に位置するであろう「グロテスク」なるものも、同じ古典古代から発見され発展していくことになるのである。当時、次々に古代遺跡が発掘されたのは周知の通りであるが、それら古代の建造物は地中から掘り起こされるものであったため、一般に「洞窟」と呼ばれた。「グロテスク」の語源は、この「洞窟」を意味する「グロッタ（grotta）」にある。遺跡建造物の壁面やヴォールト（穹窿）などに、フレスコ画やスタッコ（化粧漆喰）による特徴的な模様が多く発見され、やがてこの模様が、「洞窟ふう」という意味で「グロテスカ（la grottesca）」と呼ばれるようになるのである。その主な特徴は、植物と動物と、さらには人間が、まるで一続きの連続体のように絡み合い融合していることである（図2）。植物が繁茂する中に、動物の形態がまるで果実か枝のように生え出ていたり、その動物のからだの一部が人間のものであったりするのである。しかも、およそ重力の法則を無視しているとしか思えない形、例えば細い蔓の先端に、大きな動物のからだが高く掲げられていたりする。「種」の区分に支配されている自然界の秩序と、重力に支配されている現実空間の秩序、その両者を完全に破棄するようなものが「グロテスク」だったわけである。だが、考えてみれば、それらが実際に制作された頃の神話などには多くの変身譚が存在する。白鳥になってレダを襲ったゼウス、蜘蛛になったアラクネ、水仙に化身したナルキッソス、こだまになったエコー……ギリシャ神話では、神、人、動物、虫、植物、そしてさまざまな自然現象でさえ自在に身を置き替えあう。しかしながら、ルネサンス期、キリスト教の倫理観のもとにあっては、それは邪悪な異教の世界観であり脅威であったろう。

図2　ポンペイ遺跡・フォルム浴場の脱衣台の脚部（紀元79年ベスビオ火山の噴火で埋もれ、16世紀に偶然発見された）

背徳の誘惑とでも言うべきだろうか、「グロテスク」様式は十六世紀にはすでにヨーロッパ中で愛好され、ルネサンスの芸術家・装飾家たちは次々に自在な「奇想」を展開させつつ自らも「グロテスク」を創作するようになる。庭園の一角には人工洞窟を作り、室内の壁面や天井にはグロテスク模様の絵画・レリーフなどを散りばめたのである（図3）。そしてこれとほぼ同時期に、文学の世界でも「グロテスク」というべきモチーフが広まっていったのだった。

図3　ルーカス・ファン・レイデン《グロテスク》1528年、版画

十六世紀の文学者フランソワ・ラブレーの作品の特徴を「グロテスク・リアリズム」と呼んだのは、ミハイル・バフチンである。ラブレーの小説には、飲み食い・排便・交接・懐胎・出産・成長・老年・死……といった、卑近な、そして下世話な民衆の生活と肉体が赤裸々に描かれ、また肉体の寸断・八つ裂き・他の肉体に呑み込まれる等々の凄まじい場面も頻出している。そのイメージの基礎に、「肉体的総体およびこの総体の境界についての特殊な観念」があり、「肉体と世界の間の境界線の引き方、個々の肉体の間の境界線の引き方(7)」が特殊である、とバフチンは言う。

グロテスク・リアリズムは、現象の特徴をとらえるのに、現象の変化の状態、また完了していない変容《メタモルフォーズ》の状況、死と誕生、成長と生成の段階を選ぶ。この〈時〉、生成に対する関係は、グロテスク・イメージに必須の本質的（決定的）特徴である。これとつながる第二の必然的な特徴は両面的価値《アンビヴァレンス》である。このイメージの中であれこれの形式で変化の両極——新と旧、死するものと生まれるもの、メタモルフォーズの始まりと終わり——が表現（あるいは指示）されているのである(8)。

その意味で、同時代に広まったあの「グロテスク模様」に見られた特徴、すなわち「肉体が成長を重ね自分の枠を超え、自分本来の境界を越えて出て」いき、「二つの肉体の境界線、肉体と世界の境界がまさに打ちやぶられる」という特徴が指摘できると彼は言う。つまり、「個」として完結した静態的肉体ではなく、「生の無限の連鎖の中」で「一つの環が他の環へと移って行く部分、他の――古い――肉体の死から新しい肉体の生が生まれる部分」、例えば腹やファロスにグロテスク・イメージは集中するし、また、「個体」の境界を形成するはずの「〈表面〉を無視」し、「肉体の内部の姿――血、内臓、心臓その他の内部器官――も示して見せる」[9]のだと言う。

ところで、バフチンのグロテスク論で今日最も重要と見なされるのは、彼がグロテスクの本質を「笑い」に見出し、それが生起する場としての「カーニヴァル」を称揚した点であろう。バフチンの言うカーニヴァルとは、その期間だけ「階層秩序・関係、特権、規範、禁止などの一時的破棄を祝う」もので、現存の社会機構を覆し、地位や身分の差を超えて誰もが互いに嘲罵しあい、腹を叩いて笑い合える束の間の祝祭である。それゆえ、カーニヴァルの「笑い」は、「全民衆的」であり、また「陽気で心躍るものであるが、同時に嘲笑し笑殺する」という「両面的価値《アンビヴァレンス》」を有しているという[10]。ラブレーに見られる「グロテスク・リアリズム」もまた、こうした「民衆」の「カーニヴァル的笑い」を基盤としているため、それは常に「高貴なるものの格下げ、引き落とし」を実践する、いわば反体制的な民衆のエネルギーの象徴でもあることになる。だが、バフチンは近代のグロテスク・イメージにはこの特徴が見られない、と考えている。というのも、近代のグロテスクは、「民衆的笑い」の要素を減じ、恐怖・脅威だけが残ったものであって、それでは「グロテスク・リアリズムの退化・崩壊」でしかないと言うのである[11]。だが、この点に関しては今日では、バフチンの態度は「民衆に対する楽天的な信頼から、カーニヴァルの革命的な要素を強調しすぎて」おり、「一種の政治的ロマン主義」にすぎない、と批判されることも多く[12]、本稿でもバフチンの政治的信条にこれ以上立ち入るつもりはない。

むしろ、ここで重視したいのは、バフチンのグロテスクの定義にも、そして先に挙げた「グロテスク模様」の特徴にも、二種類の異なったモデルの併存が見て取れることである。つまり、グロテスクは、一方では古典的・体制的・規範的なものの相反物としての「他者」である（反体制としての「民衆」であれ、異教としてのグロテスク模様であれ、あるいは端的に「異形の怪物」としてであれ）。ところがまた他方では、グロテスクとは、異なるもの同士の混淆を通じて「他者」との境界を廃棄する（二つの肉体の境界、肉体と世界の境界を破る）ものなのである。[13] そして、こうした「グロテスク」なるものの特徴――規範的なものにとっての「他者」であり続けながら、なおかつあらゆる「他者性」を無効にする世界観の体現であるということ――は、近現代にまで敷延しうる定義だと言えよう。以下では、これを、「グロテスクにおける他者性のアンビヴァレンス」として検討していこうと思う。

エロティィシズム――「タナトス」と「エロス」

先に触れたバタイユの『エロスの涙』には、太古の洞窟壁画に始まり二十世紀中葉に至るまでの二百数十点におよぶ芸術作品がエロティシズムを喚起するものとして掲載されている。その多くは死のイメージ漂う無気味な（ごく一般的な意味でグロテスクな）ものである（図4）。エロティシズムは常に「死の意識」に結びついている、と彼は考えているのである。彼は「単なる性行為とエロティシズムでは異なる」と言う。性行為は他の動物にもあるが、エロティシズムの感覚を持つのは人間だけである。そして、人間と他の動物を区別するものこそが、自らがいずれは死すべき存在であるという「死」の認識であり、人間だけが「死」を思わせるものにエロティシズムを感じる、と言うのである。

ただ人間の生活だけが、おそらく「悪魔的」と呼べるような行為を見せるのである。そして、この行為こそがエロティシズムという名にふさわしい。

エロティシズムが、器官の盲目的な本能のかわりに、意志的な遊びや快楽の計算を働かせるからこそ、人間は動物から遠ざかるのである。[14]

そして、「死」を意識する人間存在についてバタイユが語るとき、常にそこには、あの「他者性のアンビヴァレンス」を見出すことができるのだ。例えば、一九五七年の著書『エロティシズム』では、それは「連続」と「非連続」という用語で語られている。彼によれば、「個」として存在する人間は「他者」との間に深い溝があり、その意味で「非連続」な存在である。しかも、「個」としての存在は、死すれば消滅するしかない。「私たちは非連続の存在であり、理解できない運命の中で孤独の中に死んで行く個体」なのである。にもかかわらず人間は、この孤独を耐えきれず、「他者」との「連続性」を切望する。その端的な例が生殖である。それは、異性という「他者」との「連続」を求める行為であるのみならず、新しい生命の誕生へとつながるという形で具現される「連続」である。人間は皆、この「連続」から生まれ落ちて「非連続」な「個」として生きている。それゆえ人は「失われた連続性への郷愁《ノスタルジー》をもって」おり、「基本的には、連続から非連続へ、あるいは非連続から連続への過程[15]」の中にいる。すなわち、「死の意識」を持つがゆえに「他者」と隔絶された「個」として生きる存在でありながら、人は「他者」と境界を超えて一体化しようとし続けている、というのだ。

図4　ハンス・ベルメール《二人の異父姉妹》1949年、プリントに彩色、14×14 cm、「人形の遊び」（ジョルジュ・バタイユ『エロスの涙』の挿図のひとつ。ベルメールは、バタイユの1947年刊の著書『眼球譚』や1965年刊の『マダム・エドワルダ』の挿し絵も制作している。）

あるいはこう言い換えてもいいだろう。バタイユにとっては、「死」それ自体が「アンビヴァレントな他者」である、と。というのも、「死」は常に「生」の反対、「生」の否定としての「他者」である。だが一方で「ある者の死は他の者の誕生と相関的である。死は誕生を予告するものであり、誕生の条件である。生はつねに生の解体の産物である[16]」。

つまり、「生」にとって「死」は、絶対的な「他者」でありながら、より大きな「生」の円環の中に引き戻すべく、固体の「生」の内部に侵入してくるものなのである。

また、バタイユによれば、こうしたグロテスクな「死」に関わるような「エロティシズムの領域は本質的に暴力の領域であって、エロティックな快楽は、まさに禁制侵犯の関数」であり、「まずタブーがあり、次にそれを犯すという意識がなければ人間のエロティシズムは成立しない」[17]。この点においても、ルネサンス期に邪悪な異教のものであったからこそそのグロテスク模様の愛好や、普段は禁じられているからこそ特定期間だけ許容されるカーニヴァルの熱気といったものから通底するもの、すなわち禁忌の魅惑というべき共通性を見出すこともできるだろう。

ところで、バフチンの語った「グロテスク・リアリズム」、そしてバタイユの語ったエロティシズムと「死」、その両者に見られた「他者性のアンビヴァレンス」は、ともに源泉をたどれば、明らかに一九二〇年頃からフロイトが提唱した「死の本能（Todestrieb）」、いわゆる「タナトス」を基盤としていることが分かる。もともとこれは、快楽原則だけでは説明のつかないサディズムやマゾヒズムを説明するために、あるいは、明らかに苦痛・不快であるはずの過去の体験が「反復強迫」として繰り返し経験される理由を説明するために、フロイトによって考案された概念である。つまり、人には根源的被虐性《マゾヒズム》というべき「死の本能」が存在するのではないか、と彼は考えたのである。

フロイトが初めて「死の本能」という言葉を用いたのは一九二〇年の『快感原則の彼岸』であった。この論考の中では、「死の本能」は「生の本能」と「けわしい対立関係」[18]にあるもの、と断言されていた。ところが、その三年後の『自我とエス』では、フロイトはこの完全な二元対立を崩して、後にバタイユが「死」について語るような、あの「他者性のアンビヴァレンス」というべき域に向かったのである。いわく、「生命それ自体は、この二つの傾向（生へ向かう傾向と死へ向かう傾向）の闘争であり妥協」であって、「この二種の本能がたがいに結合し、混合し」[19]ている。

では、ここでもう少しばかりフロイトの考え方を、N・O・ブラウンによる解釈[20]（ブラウンは「本能の二元論」から「本能の弁証法」への発展として捉えたのだが）も参照しつつ押さえておこう。

　フロイトは、「本能」とは生命ある有機体に内在する衝迫であって「以前の状態を回復しようとする」ものだと考える[21]わけだが、それは究極的には、遥か昔、無機物に突如として生命が宿った時に発生した「緊張」を解いて「平衡を取り戻そうとする」ことだと言う。それゆえ「あらゆる生物は内的な理由から死んで無機物に還る」のであって「あらゆる生命の目標は死であるとしか言えない[22]」。すなわち「死」という絶対的休息によって、生体を原初の無機的状態に戻そうとする基本的傾向があるというのだ。これが「死の本能」である（もちろんこれは、単なる「自殺願望」などというものではない。私たちは意識することなくまさに本能的に生きているだけで、知らず知らず「自然死」へと走らされている、ということだ）。そして、こうした「死にみちびく本能の意図を阻むもの」として、生の継続・種族の存続を保証する「性的本能（Libido）」、「生の本能（Lebenstrieb）」がある、と言うのである。フロイトに従って「生の本能」＝「死からの逃走と、性欲」＝「種族の不滅性を維持する力」と見なすならば、それは「種」としての全体へと自らの生を「統合」することを目的とするのだと言える（人間が社会を形成するのも群れからの孤立・別離を恐れてのことである）。一方、いかなる動物も植物も、他の生命ではなくそれ自体の生命を生きるがゆえに――つまり、それが死ぬがゆえに、特異性と個体性を持つ。すなわち「死の本能」は、「種」の全体性から切り離された「個体性」、「個」の「独立」を保証する。それは全体性からの「別離」を目的としていると言い換えられる。「死」は「社会」からの「別離」であり、「種族」から引き離されて滅亡するという意味での「別離」である。「統合」対「別離」。こうして、まずは「生」と「死」という二つの本能の「対立」が、措定されたのだった。

　ところで、種族の存続をはかるこの「性的本能」は、時に「個」を犠牲にしても「種」を守るだろう（例えば下等な生き物では、生殖行為を終えれば「個」としての「死」をむかえるものが多い）。それゆえ、フロイトはかつて「性的本能」に対置すべきものは、「個」としての自己保存に関わる「自我本能（Ichtriebe）」だと主張しつづけていた。ところが、その後、自己保存の本能と同一視できる「自己愛的なリビドー」を確認するに至って、「性的本能」と「自我本能」

の二元対立を解消し、両者を含む形で「生の本能」と呼ぶようになった。そのため、フロイトがこの意味で「生の本能」を語るとき、それはしばしば「エロス（Erōs）」とも呼び換えられるのである。

さて、この「生の本能」と「死の本能」が「けわしい対立」を保ちつつも「結合・混合」しているとはどういうことだろうか。フロイト自身、両者の結合がどのような方法によるのかは「まだまったく想像できない(23)」と言う。ただ、この対立する二本能の矛盾をあらゆる生物が内在させているのは「否定しがたい前提である」と言うのだ。例えばサディズムについて考えるとき、それが明らかになる。単細胞の下等生物とは違って高等な生物になると、「死の本能」を外に向け換えることができ、「外界あるいは他の生物を破壊する衝動として」それが現われるようになる、とフロイトは言う。すなわち、「攻撃本能」「破壊衝動」とは、こうした「死の本能」の外化した形である。そしてこの外化を促すのは、まさに自らの生命を保とうとする「生の本能」の働きであろう。ところで、「性的本能（＝生の本能）」と「攻撃本能（＝死の本能）」が完全な対立関係にあるのでないことは、性的加虐性《サディズム》の例を見れば明らかである（だからこそ、バタイユは性的加虐性《サディズム》を示す図像に「エロティシズム」を見たのだと言えよう(24)）。あるいはもっと一般的に、「生」と「死」の二本能の対立は、「愛と憎しみの両極性」に置き換えることも可能だと言う。そして愛と憎という相反感情は、同時に存在しうるし互いに融解しうるものであり、また互いにいともたやすく反転しうるということが、二つの本能の関係を物語っている、というのである。この「エロス」と「タナトス」のアンビヴァレントな関係についての考察が、バフチンとバタイユに見られたグロテスクなものの解釈、あの「他者性のアンビヴァレンス」の礎になっていったわけである。

「出生外傷」と「母なるものの棄却」

バフチンは、一九二七年にV・N・ウォロシーノフの名を借りて『フロイト主義』なる単行本をものしている。その中で、フロイトの思想の展開を三期に分け、その最終期の衝動理論としてフロイトの「死への衝動」を概説したのだった。そして、バフチンは、フロイト理論の発展の最終的な帰着点、「フロイト主義文化哲学の総合」は、フロイトの愛弟子であったオットー・ランクの一九二三年の著作『出生外傷』に見出せると主張した。バフチンによる「出生外傷」の概説部分から少々長くなるが引用してみよう。

> ランクによると、人間の全生活、およびその文化的創造全体は、様々な道程における、そして様々な手段による出生外傷の排除と克服に他ならない。／世界における人間の誕生は、外傷をともなうものである。出産の過程において母の懐から押し出された生体は、恐ろしく苦しい衝撃を体験するからである。この衝撃に匹敵するものといえば、死の衝撃しかありえない。この衝撃の恐怖と苦痛は人間心理の始まりであり、それは心の奥底である。〔中略〕／しかし、恐怖とともに過去への憧憬、すなわち、自分が体験した天国のような子宮状態への憧憬も生じる。回帰へのこの渇望とこの恐怖は、人間が母の懐に対して味わうあの二重的関係の基盤である。〔中略〕ランクによると、死も子宮 uterus への回帰として人間によって把握される。また、死の考えと結びついた恐怖は出産の恐怖を再現している。[25]

確かに人は皆、出生以前は母の胎内にあって母親と一体化していた。しかし出生によって母から引き離されて「個」として生まれ落ちる。その出産時の経験を、人間にとって最初の大いなる不安状態だとする見解は、すでにフロイトの一九〇九年の『夢判断』第二版で触れられていたが、こうしてランクによってクローズアップされ、フロイト自身が一九二三年の『自我とエス』で改めて取り上げることによって、「出生」と「死」とを同じ「別離」の体験、「非連続」な「個」に向かう事件として取り扱う地盤ができたのだった。これが、バフチンへ、バタイユへと受け継がれ、「グロテスク」なものを語る際の鍵になっていったわけである(26)。そしてまた、バフチンを西ヨーロッパに紹介した人物としても知られるところのジュリア・クリステヴァによる一九八〇年の大著『恐怖の権力――〈アブジェクシオン〉試論』も、ここからの発展であるといえる(27)。

クリステヴァによるバフチンへの注目は、一九六九年の処女評論集『セメイオチケ――記号分析学《セマナリーズ》のための探究』に収められた論考「言葉、対話、小説」(28)にすでに見出せる。このときクリステヴァは、複数の主体による対話=双数論理《ディアロジスム》を原理とする「対話的《ディアロジック》ディスクール」なるバフチンの手法に注目し、とりわけバフチンの言う「対立するものの併存」の考えを引き継いでいったのだった。作者だけが語る独話とは異なり、対話原理では対立する二者が語る。バフチンにあっては、作者と他者の対話関係に始まって、次第にその概念の幅を拡張することで、聖と俗、善と悪、美と醜、生と死が転倒し共存するあのカーニヴァルの考察に結びついていくのである。クリステヴァは、この対話原理を、複数のテクストの相互連関としての「間テクスト性」なる概念へと読み替えつつ、その「他者性のアンビヴァレンス」を浮彫りにしていったのだった。

そして、『セメイオチケ』には無かった精神分析の考え方を導入することで、「グロテスク」に関わる問題に取り組んだのが、『恐怖の権力――〈アブジェクシオン〉試論』である。彼女は、実際に精神分析を学び、自ら精神分析家として患者の治療を行なうようになったのである(ちなみに、彼女はこれを書くにあたって、常にバタイユも参照した、と語っている(29))。

クリステヴァは、母子が一体化した状態から子(=個)が分離されるのは、出生のときだけではなく、むしろ出生後、父の存在が意識されるより前の時期、すなわち「前エディプス期」に徐々に起こるものだと考えた。クリステヴアによれば、母とまだ融合しており、主体としての自我がまだ確立していない「ナルシス的主体」（あるいは「前‐主体」）が、個として自立するためにまず排除しなければならないものは、「母」である。その「母」は、まだ主／客が明確に分けられていない対象《オブジェ》（objet）以前の対象、「前＝対象《アブジェ》（abjet）」[30]であり、それは、融合の快楽で魅了する一方で、しかし同時に嫌悪感を抱かせる「おぞましきもの《アブジェクト／アブジェクシオン》（abject/abjection）」となって棄却《アブジェクシオン》（abjection）される、という。

排除される対象は、権力を所有する幻想的な母の権威に結びつく限りでの女性的なもの、ということになる。そして事実、この母親の権力と分離して初めてもう一つ別の禁止、こんどは父系制とその宗教に覆合する象徴秩序のレヴェルでの禁止が作り出されるのです。（中略）語る存在となり、昇華能力を身につけるには、母なるものから自己を分離せねばならないという現実にあります。[31]

人間は、「母なるもの」から離脱し、父的機能と出会うことによって、はじめて文化の象徴秩序に組みこまれるというわけである。こうした棄却の対象となる物質は全て、「前‐対象」としての母と同じ性質を持つもの、つまり自／他の境界を侵犯して自我のアイデンティティを脅かす「境界侵犯的なもの」であり、それらが、いわゆる「おぞましくも魅惑的」なものになるのだという。その例として、クリステヴァは、ミルクの表面に張った薄膜、臓腑や経血、ぬるぬるしたもの、糞便、屍体、腐敗物や汚染物等々を挙げている。彼女の言い方に従うなら、赤子が、自らと未だ一体化している母親から、最も魅惑的なものとして与えられているミルクにあって、むせて吐き出すことになるその皮膜は、それを吐き出すことによって、「自分を排出し、自分を吐き出し、自分をアブジェクト（棄却）する」つまり、「嘔吐しながら、私は自分を産みおとす」のだという。また、内臓や経血、一般に「ぬるぬるしたもの」が喚起するのは、「母体の出産の喚起を通して、生まれつつある身体が母体内の物質から身をもぎ離す荒々しい排出行為としての出産のイメージが導き出される」からであろうし、糞便は、「肉体を貫く混淆・変質・腐敗を切り捨て、自立するために新陳代謝を営む身体から絶えず切り離されてゆくもの」で、排泄によって「初めて肉体は清浄にして固有のものとなる」ばかりか、排泄行為じたいが、「もっと原初的な分離（母の肉体との分離）の制御された反復である」という。また、屍体とは「生きものと無機物との境のいかがわしい要素、過渡期のひしめき、生命が象徴界と一体化している人間の切り離し難い裏面」(32)だと語る。自分の肉体の「物質性」を改めて気づかせ、いずれは腐敗する物体でしかない自分の肉体を意識させるという意味で、屍体もやはり自我の自立をおびやかし、自／他の関係に変更を迫る「領域侵犯的な」ものだと言えよう。

死体の分泌液、汚穢、糞便、〔中略〕そこでは私は生者としての私の条件の限界にある。生きものとしての私の身体はこの限界から発する。〔中略〕汚物が、私の存在しない、かつまた私の存在を許容しもする、境界を越えた側のことならば、屑のなかでも吐き気を催させることが最も甚だしい死体は、およそありとあらゆるものに侵入した一つの境界である。〔中略〕それは棄却されたものだが、ある事物に対してそうであるように、人はそれから自分を切り離せないし、身を守ることもおぼつかない。〔中略〕おぞましきもの《アブジェクト》に化するのは、清潔とか健康とかの欠如ではない。同一性、体系、秩序を攪乱し、境界や場所や規範を尊重しないもの、つまり、どっちつかず、両義的なもの、混ぜ合わせである。(33)

また、自我境界があいまいで自己同一性に障害がみられるような患者の場合、とりわけ、こうした「おぞましきもの」が性愛的な対象となり、しばしば唯一の快楽を与えるものにさえなる、とクリステヴァは指摘している。それは、「尿、血、精液、糞便が《自》の欠如した主体を安定させるために出現する」からであり、彼らは「欲望を掻き立てると同時に恐怖を与える、糧となるとともに凶器ともなる、魅惑的にして忌避すべき《アブジェクト》母体の内部を求め続け」るがゆえに、「母なるもの」の代替物としての「おぞましきもの」との一体化をはかる、即ち、それらを性愛的に崇拝するのだという。

電脳空間のグロテスク

たとえばインターネットには、ニュース・グループというのがある。同じ事柄に興味のある人間で、インターネットに接続できる者なら誰でも、このサービスを利用できる。犯罪に興味があるなら犯罪絡みのニュース・グループに、変態に興味があるならそのニュース・グループに、映画に興味があるなら映画のグループに……こんな大雑把でなく、犯罪でも無差別殺人、軽犯罪、性犯罪等々、さらに細かくカテゴリーが分かれているし、変態のグループなど、スカトロ、ボンデージ、スパンキングなどなどなど、それこそ莫大な数に細分化されている。〔中略〕どこかに集まらなくても、電話回線で世界中に散らばった人間が、個人的な情報を交換できる。このアナーキーさがインターネットの魅力なんで、〔中略〕インターネットは、マニアの世界です。変質的で危険な情報を交換するのに、インターネットのニュース・グループほど相応しい世界はないんですよ。何しろ参加者は、IDを持っているだけで誰も顔が見えません。抜けたくなったら、もう二度と発言しなければ、いなくなったも同然。どんな仮面でも被れるんですからね……。(34)

これは、電脳時代の猟奇犯罪を描いた友成純一の小説『電脳猟奇』から引用したものである。小説では、スナッフ・ビデオ（人間を玩具のように弄び、なぶり殺し、その一部始終を撮影して販売されるビデオ）の犠牲者の無残な死体が発見され、その犯人を、今度は警察官がやはりインターネットを駆使しながら追い詰めていく。引用個所はその警察官の台詞の一部だ。もちろん、筋書きはフィクションである。しかし、ここで語られている内容はもはやフィクションではなく、電脳世界の現状を言い当てていると言っていいだろう。(35)

ところで、フィクションと現実との関係といえば、しばしば「ヴァーチャル・リアリティ」と称されてきたように、その境界が非常に曖昧なものになってきていることは否めない事実であろう。一般的には、「現実ではないものを、まるで現実であるかのように体験できる」という程度の意味で用いられてきた言葉であろうと思うが、しかし、問題はそう単純なことではなさそうである。例えば、昨今の「アート」について考えてみるだけでも事の重大さが見えてくるかと思う。「アート」とは、本来は「フィクション」すなわち「虚構」であって、例えば作品の中でいかにグロテスクな表現がなされていようと、見る者は、それが「フィクション」であるという認識をもって鑑賞してきたはずである。ところが、とりわけ写真などの映像を手段とするだけで、それが「アート」の作品であっても、もはや「フィクション」ではないものを見ていると私たちは思ってきただろう。中でもグロテスクな芸術写真の筆頭として頻繁に名前の挙がるピーター・ウィトキンなどは、本物の屍体や畸形、ちぎれた肉体の一部などを用いてセットを作り、それを撮影することで有名だが(図5)、彼自身がインターネットのホームページでモデル募集の呼びかけをしながら作品画像を公開している[36]のを見るとき、彼の「アート」が「フィクション」でないことを人は確信するのではないだろうか(あるいは逆に、「アート」という「フィクション」にまつわる制度を引用することで、現実の屍体を人目に晒すことも昨今では珍しくない。例えば、まるで美術展のような装いのもとに開催された「人体の不思議展」――プラスティネーションなる加工を施した医学的遺体標本を展示し、大きな話題となっている――や、普通は「アート」として鑑賞するであろう写真集の体裁をとって、殺人現場の記録写真などを集めて出版した『デス・シーン――死体のある光景[37]』などは、その類に数えていいだろう)。

もはや、フィクションと現実との間に境界などない、全てがシミュレーションである、との主張を展開したのは、ジャン・ボードリヤールである。彼の言い方に従えば、スクリーンとネットワークだけに支えられているような現代社会では――

われわれ自身の身体やそれを取りまく宇宙全体が制御スクリーンと化しているのだ。〔中略〕人々がもはや彼らの対象（物）に、その感情や再現＝表象や所有、喪失、喪、嫉妬などの幻想を伴う形で自身を投影したりはしないということがわかるだろう。すなわち、ある意味では心理学的次元は消えてしまったのであり、たとえそれがまだ細部には見出せるとしても、物事が使い尽くされた後のように、本当にそれがそこにあるとは思えなくなっているのである。〔中略〕ハイパーリアリティの時代がいま始まっている。〔中略〕これからはいかなるメタファーもなしに現実に、それもまたシミュレーションであるひとつの絶対的な空間に投影されるようになるのである。〔中略〕そこでは、そのイメージを伴ったものとしての対象と繋がれた主体の劇的な内部が演じられるような光景は存在していない。ここではわれわれは、もはや俳優や劇作家としてではなく、多様なネットワークの端末として生きている。(38)

図5　ジョエル・ピーター・ウィトキン《キス》1982年、シルバー・プリント、50.8×40.6 cm、ニューヨーク、マックギル画廊。

彼によれば、かような世界では、身体性が失われ、また、あらゆる差異化が失われ、世界はグローバリゼーションという画一化・均質化の様相を見せる。

コミュニケーションや情報、これらすべてのネットワークに内在的な乱雑さ、それらの継続的な結びつきによって、われわれはいまや新しい形態の分裂症の中にいると言うことができるだろう。〔中略〕すべてのものの極度の近接性、かれをそれ以上防御する私的な防御の輝きも無く、かれ自身の身体もなく、抵抗なしに接触し、包囲し、貫通するすべてのものの不純な乱雑さなどは分裂症的なのだ。〔中略〕それは内面性や内密性の終焉であり、何の障害もなくかれを貫く世界の過度の露出性、透明性なのだ。かれはもはやかれ自身の存在の諸境界を設けることはできないし、もはやかれ自身を演じたり、上演したりすることもできず、鏡としてのかれ自身を生産することもできない。かれはいまやただ純粋なスクリーンであり、影響を及ぼしあうすべてのネットワークのスウィッチが並んだ中央制御室にすぎないのだ。[39]

こうした現代のテクノロジー社会での、「個」としての身体性の喪失を、「疎外」として問題視する言説は実は非常に多い。例えば、ポール・ヴィリリオの言い方を引いてみよう。

> 遠隔《テ》=電波《レ》的現前《プレザンス》の問題は、身体の配置、位置付けを限定できないものにします。ヴァーチャル・リアリティーの問題のすべては、本質的に言って、ここで、今を否定すること、「今」のために「ここ」を否定すること」にあります。〔中略〕「ここ」はもはやありません。すべてが「今」なのです！〔中略〕遠隔=電波的現前を引き起こすテクノロジーの速度は、ヴァーチャルな身体にたいする節度のない愛のために、つまり「奇妙な小窓」の中に、「ヴァーチャル・リアリティーの空間」の中に現れるその幽霊にたいする節度のない愛のために、私たち固有の身体を決定的に失わせるように仕向けています。そこに、他者の喪失という見過ごせない脅威が、非物質的で幽霊的な現前のために、物質的現前が凋落するという見過ごせない脅威があるのです。[40]

ヴィリリオがここでいう「他者の喪失」とは、スクリーン上の映像を愛の対象とすることで、身体を持った「生身の他人」への愛が見失われることを指していよう。だが、ボードリヤールは、もっと広範なレベルでの「他者性の喪失」、そして、それに伴う「他者性産出」の試みと、その挫折を、こう語る。

人びとは他者が生産される時代に入る。他者を殺したり、むさぼり食ったり、あるいは他者を誘惑したり、他者と対決したり、競いあったりすること、他者を愛したり、憎悪したりすることは、もはや問題にならない。なによりもまず、他者を生産することが問題なのだ。他者はもはや情熱の対象ではなく、生産の対象である。〔中略〕いずれにせよ、他者性に事欠くようになったために、運命としての他者性を生きることはできなくなり、差異としての他者性を生産することがどうしても必要になったのだった。それは世界全体にばかりでなく、身体、セックス、社会関係にもかかわる事態だ。〔中略〕その結果、性愛に関するあらゆる力学は方向転換を迫られた。なぜなら、かつては他者性つまり絶対的他者の異質性から生まれたエロティックな魅力（＝引力）は、〔中略〕同一者つまり似かよっていて類似しているもののがわに移行することになったからである。〔中略〕性行動は近親相姦とその（通俗化された）運命に接近するからだ。〔中略〕エロティシズムに関わりが在るのは、近親相姦の派生的形態、つまり他者のイメージのなかに同一者を投影することだけである。

人びとは疎外について語っているが、最悪の疎外は他者によって自己を奪われることではなくて、他者を奪われることなのだ。それは不在になった他者を生産しなければならないような状況であり、その結果、人びとはたえず自分自身とそのイメージのほうに送りかえされることになる。[41]

全てが均質化し、差異を失った世界――それが、ボードリヤールのいう「他者性の喪失」した現在の状況である。彼の言う通り、特異性（あるいは他者性）を失って、全てが「未分化の状態にたどりつく事態」[42]としての「近親相姦の派生的形態」が避けられないのであるとすれば、そのとき、愛の対象として、あの（クリステヴァの言った）「前‐対象」としての「母なるもの」が、特別な力をもって台頭することもうなづけるように思う。すなわち、電脳空間に氾濫する、かの「アンビヴァレントな他者」――主体にとって、対立しつつ同化したままの、自己自身であると同時に棄却される、あの「おぞましいもの」――は、すでに自己の身体さえ見失い、それゆえ「自我境界があいまいで自己同一性に障害」をきたした現代人の、身果てぬ夢としての「失われた他者」であり、「失われた自分の身体」であり、「アブジェクシオン」の取り戻しなのではあるまいか。再び、クリステヴァのこの言葉を引用しよう。

アブジェクシオンの性欲化は、そしておそらくはアブジェクシオンがすでに性欲化されている限りではおよそあらゆるアブジェクシオンは、出血を止める企てである。さしずめ、それは死の一歩手前の敷居、停留所あるいは踊り場なのではないだろうか。(43)

そしてまた、バフチンが、「個」を超えて世界や他者と一体化しうるグロテスク・リアリズムを可能にする特別な場として「カーニヴァル」を挙げていたことも思い出そう。その特性として、彼は、個々人の匿名性と複数の声からなる対話原理について語ったのだった。思えば、インターネット・サイトの匿名性、あるいはニュース・グループや掲示板に見られる複数人による発信——そこに、「現代のカーニヴァル」を見ることも可能であろう。バフチンの言った、民衆の祝祭としてのカーニヴァルは、しかし実際は公的に暦に刻まれ、支配者によって数日間だけ許容されたものでしかなかった。しかし、現代の電脳空間に存在するカーニヴァルは、それ以上に、「全民衆的」で「自発的」な場(＝サイト)として、機能しているのである。

註

（1）ボードレール『悪の華』堀口大學譯、新潮文庫、一九五三／一九七四年、三二七－三二八頁。
（2）ジョルジュ・バタイユ『エロスの涙』樋口裕一訳、トレヴィル、一九五五年、一八三－一八四頁。
（3）Naked City《Leng Tch'e（凌遅・レンツェ）》トイズファクトリー、一九九二年。のちに《Torture Garden》との二枚組みで《Black Box》（一九九六年）のタイトルで売り出された。
（4）夥しい数の残虐映像で知る人ぞ知るサイト《Impure》（現在は制作者自身によって閉鎖された）。
（5）バタイユ、前掲書、同頁。
（6）ヴォルフガング・カイザー『グロテスクなもの――その絵画と文学における表現』竹内豊治訳、法政大学出版局、一九六八年。あるいは、アンドレ・シャステル『グロテスクの系譜』永澤峻訳、文彩社、一九九〇年。
（7）ミハイール・バフチーン『フランソワ・ラブレーの作品と中世ルネサンスの民衆文化』川端香男里訳、一九七三／一九九七年、せりか書房、二七九頁。（原著、一九六五年）
（8）同書、二八頁。
（9）同書、二八〇－二八一頁。
（10）同書、一六－一八頁。
（11）同書、五一頁。
（12）大熊昭信「バフチンはいかに受け入れられたか」、『バフチンを読む』阿部軍治編著、NHKブックス、一九九七年、一八七頁。
（13）この点に関しては、ピーター・ストリブラス＆アロン・ホワイト『境界侵犯』本橋哲也訳、ありな書房、一九九五年を参照。
（14）バタイユ、前掲書、四八頁／七〇頁。
（15）バタイユ『エロティシズム』澁澤龍彦訳、二見書房、一九七三年、二二頁。
（16）同書、七九－八〇頁。
（17）この件《くだり》は丸山圭三郎によるバタイユの著作『エロティシズム』の要約（丸山圭三郎『言葉・狂気・エロス――無意識の深みにうごめくもの』講談社、一九九〇年、一六八頁）。

(18) ジークムント・フロイト「快感原則の彼岸」小此木啓吾訳、『フロイト著作集6』人文書院、一九七〇年、一七七頁。
(19) ジークムント・フロイト「自我とエス」小此木啓吾訳、『フロイト著作集6』人文書院、一九七〇年、二八五頁（傍点は筆者）。
(20) N・O・ブラウン『エロスとタナトス』秋山さと子訳、竹内書店新社、一九七〇／一九七五年。特に一一三－一一五頁を参照のこと。
(21) フロイトはこうした有機体の恒常性《ホメオスタシス》の原理を「ニルヴァーナ原則」と呼んでいる。
(22) フロイト「快感原則の彼岸」、前掲書、一七四頁（傍点は筆者）。
(23) フロイト「自我とエス」、前掲書、二八五頁。
(24) また、バタイユは「小さな死（性交による恍惚状態の俗称）」を「死」の予感であるとし、エロティシズムは「死に至る性の高揚」であるとした（『エロスの涙』四四頁）が、これもフロイトが「完全な性的満足の後の状態と死とは類似している（『自我とエス』二九〇頁）」と語ったことを踏まえていよう。
(25) ミハイル・バフチン『フロイト主義』（ミハイル・バフチン著作集1）新時代社、一九七九年、一二一－一二三頁（傍点は筆者）。ただし、バフチン（＝ウォロシーノフ）は、この著作の中で、フロイト主義の生物学的決定論を主観主義に堕していると批判し、歴史主義・社会学主義を唱えていく。バフチンの「グロテスク・リアリズム」における「民衆的笑い」の強調は、ここで準備されたのだと言えよう。
(26) ただし、フロイト自身は、一九二六年の論考『制止・症状・不安』において、ランクの主張する「出生外傷」をあまり重視し過ぎてはならない、と述べるようになる。というのも、ランクは神経症の原因の全てを「出生外傷」に求めるに至り、フロイトが主張するエディプス・コンプレックスの意義までも否定するようになったためである。これに関しては次を参照のこと。ジークムント・フロイト「制止・症状・不安」井村恒郎訳、『フロイト著作集6』人文書院、一九七〇年、三二五頁。また、同書の小此木啓吾による解説、四五六－四五七頁。
(27) ただし、クリステヴァはこの本の中で、オットー・ランクの「出生外傷」は「理論上の細工」にすぎないと語っており、（後述するが）出生以後の前エディプス期に論及するクリステヴァ自身の立場との違いを強調している（ジュリア・クリステヴァ『恐怖の権力――〈アブジェクシオン〉試論』枝川昌雄訳、法政大学出版局、一九八四年、五二頁）。
(28) クリステヴァ『記号の解体学――セメイオチケ1』原田邦夫訳、せりか書房、一九八三年、五七－一〇三頁。

(29) 西川直子『クリステヴァ——ポリロゴス』(現代思想の冒険者たち30)講談社、一九九九年、二五五頁参照。
(30) abjet は、objet と abject をかけたクリステヴァの造語。
(31) ジュリア・クリステヴァ『恐怖の権力——〈アブジェクシオン〉試論』枝川昌雄訳、法政大学出版局、一九八四年、三一六頁。
(32) 同書、五-六頁/一四二頁/一五一頁。
(33) 同書、六-七頁。
(34) 友成純一『電脳猟奇』ぶんか社、一九九八年、一九三-一九五頁。
(35) 例えば、記憶に新しいところでは、今年(二〇〇二年)五月に、2ちゃんねる(テーマ別の掲示板で閲覧者が自由にメッセージを書き込むサイト)の「ペット大嫌い」というスレッドに、猫を惨殺しながら撮影した複数枚の残虐写真を掲載した男が、八月に逮捕された。これは、1チャンネル(1ch. tv——これも自由参加型の掲示板サイト)の動物愛護を訴えるスレッドに書き込まれた「抗議文を警視庁に送ろう」との呼びかけで、大変な数の電子メールが警視庁に送り付けられてきたためであり、また別のサイトでは警察が動き出す以前に、犯人を特定して実名と顔写真まで公開されていたという。
(36) http://www.zonezero.com/exposiciones/fotografos/witkin/JPWrequest.html
(37) キャサリーン・デューン編『写真集・デス・シーン——死体のある光景』大塚一軌訳、第三書館、一九九八年。
(38) ジャン・ボードリヤール「コミュニケーションの恍惚」『反美学——ポストモダンの諸相』ハル・フォスター編、室井尚・吉岡洋訳、勁草書房、一九八七年、二三二-二三五頁。
(39) 同書、二四三-二四四頁(傍点は筆者)。
(40) ポール・ヴィリリオ『電脳世界——明日への対話』本間邦雄訳、産業図書、一九九八年、四七-四八頁。
(41) ジャン・ボードリヤール、マルク・ギヨーム『世紀末の他者たち』塚原史・石田和男訳、紀伊國屋書店、一九九五年、二〇七-二一〇頁/二一四頁(傍点は筆者)。
(42) 同書、二一二頁。
(43) クリステヴァ、前掲書、八〇頁。

その他の参考文献

西村清和「グロテスクの美学」『フィクションの美学』勁草書房、一九九九年。

西村清和『電脳遊戯の少年少女たち』講談社現代新書、一九九九年。

鷲田清一「垂直のコスメテック」「無機物のセックスアピール——だれかであることの不安」「反転する内と外——皮膚論的考察へ」(以上いずれも)『現代芸術を学ぶ——失われた身体を求めて』京都造形芸術大学編、角川書店、一九九九年。

レオ・ベルサーニ『フロイト的身体』長原豊訳、青土社、一九九九年。

秋田昌美『快楽身体の未来形』青弓社、一九九三年。

布施英利『電脳美学』筑摩書房、一九九二年。

ジャン・ボードリヤール『透きとおった悪』塚原史訳、紀伊國屋書店、一九九一年。

ジャン・ボードリヤール『消滅の技法』梅宮典子訳、PARCO出版、一九九七年。

在と不在の中間領域としてのリアリティ

北山　修
（聞き手・斧谷彌守一）

北山修さんは、フォークソングの全盛期だった一九六〇年代終わりから七〇年代にかけての時代に、フォーク歌手として、特に「あの素晴しい愛をもう一度」「戦争を知らない子供たち」等の作詞家として活躍された。その後精神分析医として「日本語臨床」を主唱されてきた。主な著書に、『悲劇の発生論』（金剛出版、一九八二年、増補新装版、一九九七年）、『心の消化と排出』（創元社、一九八八年）、『幻滅論』（みすず書房、二〇〇一年）等がある。このインタビューは、二〇〇一年十月十九日、甲南大学で行われたものである。

（斧谷）

ポエティック・リアリティ

――今日、北山さんに是非お話を伺いたいと思ったのは、お書きになったものを前から拝見していてすごく共感するところ、考えさせられるところがあると思ってきたせいなんです。僕自身は言葉についてハイデガーを基本に置いて考えているという立場です。特に後期のハイデガーは、単なる表面的な記号としての言葉を超えていこうという形で言葉について深く考え始めます。ハイデガーの言葉の捉え方は、ヘルダーリン、トラークル、リルケ、ゲオルゲといった詩人たちの言葉を扱うという点では、哲学者としては希有なんですけれども、それでも詩人の言葉を相手にしたときになにかもの足りなさが残る。言葉のもっているある種の生々しさ、生臭さが足りない。

それと対照的に、北山さんが書かれたものを読んでいると、言葉を臨床というところからお考えになっていて、言葉の捉え方がすごく生々しい、生臭い。そこで今日は、人間が生きていくうえで言葉がどのように生々しさを保ちながら働いているのか、生きている人間の生々しいリアリティとはどのようなものかということを伺いたいと思っています。

大学院の授業でフロイトを読んでいるんですけれども、先日、そこで北山さんのことをしゃべったんですね。『幻滅論』のなかで「チ」という言葉を取り上げていらっしゃいます。「チ」とは胎内における血のつながりの「血」でもあり、そして生れ落ちた後にお母さんのお乳を吸うときの「乳」でもある。そしてその時期が過ぎると「父」が介入してくる。北山さんがこういうことを書いておられると紹介したら、院生から「詩人だなあ」って声が上がったんです。まずは、胎内における血のつながりから、生れ落ちて乳のつながりに至る時期についてお話しいただけないでしょうか。

北山　「詩人だなあ」って言われることは多いんですけれども、理屈じゃないということだと思うんです。僕は精神分析から学んで、そして日本語でそれを語るとしたらどんな言葉でそれができるかということを考えてきました。『幻滅論』でも少し触れたんですが、M音というものがあります。甘えの「あま」にもM音があるし、「おも」という母親を表す言葉にもM音がある。アミーゴ、アモーレ、ミルク、マザー、みんなM音が登場しますね。M音は、「満腹」のMにしても、「むかつく」のMにしても、要するに口が一杯になったときの音なんです。意味と音とは分かちがたく発生するということはすでに言われています。言葉と意味は恣意的なつながりしかないと考える表音文字的な言語学の感覚とはずいぶん対照的な言語の発生論です。つまり言葉が外からやって来るのではなくて、内側から生まれるという考えですね。精神分析家はこういう言葉の発生に付き合わなくてはならないし、立ち会わなくてはならない。

無意識に名前をつけて言葉を与える、解釈をするのが精神分析だということが広く知れ渡っているため、精神分析家というのは恣意的な解釈を押しつけたり、説得したりするものではないかというイメージを持たれることがあります。しかし僕は、臨床に忠実に患者さんやクライエントさんとおつき合いしていくためには、相手の体内あるいは内部から発生してくる言葉を汲み取って共有し、お互いに使用していくということが大事だと考えています。精神分析を人に伝えるときにも、これを強調しなくてはならないと思うんです。教科書を読んで、さあ精神分析をやりましょうという人は、逆の話になります。その場合は、フロイトの言った解釈を日本人にもぶつけてみる、あるいは繰り返すというような、言葉が外部からやってくるような順番で言葉を用いたり、与えたりします。もちろん、親子関係などを見ているとそういう面も明らかにあるんですね。コカ・コーラという言葉が完全に内部から発生するとは僕も思いません。でも、たとえば「平和」という言葉は、平和の内部から来ているようにも思えるんです。言葉には、外からやってくる部分と内から発生する部分と両方あるのだと思います。さきほどの「血」の話は、日本語のなかでも言葉が身体を基盤に発生してくる、あるいは僕の内部から言葉が生まれるというプロセスを説明するにはとても分かりやすい例だと思います。

精神分析でウィニコットという人に出会ったことが、僕の発生論に大きな影響を与えています。ウィニコットは、母親と子どものやりとりを小児科医として診ていた精神分析家です。フロイトは患者さんの語る話のなかの子どもに注目したわけですが、それに対してウィニコットは小児科医ですから、目の前のお母さんや子どもに話しかけてきたんです。目の前で母子関係が展開していく。子どもと母親、内側と外側を複眼視するというか、両方を見据えて事象を取り扱った。患者さんしかいなかった一者心理学としての精神分析のなかに、二者心理学の視点――いま間主体性などと言われているようなことです――を持ち込んだことが、とてもインパクトがあったわけです。そのウィニコットが亡くなったころに僕はロンドンに行っています。ウィニコットのインパクトの強い精神医学状況のなかで、僕は精神分析を勉強しました。その結果が、さきほどの血のつながりの発生論になるんです。

――言葉が内部から発生してくることの例として「チ」という言葉を取り上げられて、語源学的にもどういう意味をもっていたのかということをお書きになっていました。けれども、厳密なところ、日本語の語源は根本的には分かっていませんよね。そのなかで「チ」という言葉を、あのような形で、ものすごく多義性をもった言葉として取り上げることは、ある意味で危ういことなんですね。言葉が多義性をもっているということは、ジャック・ラカンの言ったシニフィアンの戯れということにもつながる。しかし、北山さんの場合はおそらくラカンの言うシニフィアンの戯れをさらに超えていらっしゃる、というような気さえするんですよ(笑)。学生が北山さんのことを「詩人だ」と感じるのは、そのあたりなんじゃないかなと思います。北山さんは、実際の人間や患者さんと出会いながらご自身のなかでも実感として極まってくるような、そういうものを大切にしていらっしゃるんだと思えます。

北山　音韻論や語源論、特に日本語について勉強しなくちゃいけないと思って、いろいろと読み漁るようなことをしたことがあるんですけれども、僕が関心をもっているようなことについて答えてくれるものは少しもないんですね。研究されている方々には申し訳ないけれども、現実に患者さんとつながる言葉、あるいはつながれないことを描写するときの言葉を探し求めている私たちにとってみれば、本当に何を読んだらいいのか。僕は日本語臨床と呼んでいますが、言葉が臨床場面でとにもかくにも役に立たなければならない。言葉抜きの臨床なんてありえないですから。たとえ非言語的交流を大事にしている人たちだって、そのことの重要性を説くためには言葉を使わねばならないし、実際百パーセント言葉抜きで行われているわけでもない。臨床的な事象を言葉で表したいというのは、精神分析のもつ意図でもあるので、とにかく日本語の臨床でも言葉を役立たせたいと思うわけです。何か役に立つものはないかと思って探し回った時期があったんですが、なかなか見つからない。一番面白かったのはやはり神話学でした。柳田國男の民俗学もそうですが、素朴な体験や聞書、あるいはフィールドワーク、そうしたことを一生懸命やるなかで生まれてきたものには、たしかに学問としてはそれほど科学的な方法論をもっているわけではないけれども、詩人的表現というか、ポエティック・リアリティというものがあるのではないかと思うのです。詩的に言うことによって、最も人に効果的に伝わるようなコミュニケーションのレベルがあるんだろうと思うんですね。臨床場面で二者心理学を実践する場面でもそうだろうし、母子関係においてもそうだろうし、歌を作って相手に送り届けるときもそうだろうと僕は思うわけです。

昔は医者としての自分と歌手としての自分を分けておこうと考えていました。分けておかないと医者として信用されないぞと。けれどもこのごろは大分、歌っていても医者だっていう感覚でいられるんですね。それだけ自信がついてきたんでしょう。僕が書いているものを読めば、明らかに歌手としての感性が活かされているわけですからね。ウィニコットも実はポエティックなコミュニケーションだって言われているんです。

僕は今ウィニコットをもう一度読み直しているんですけれども、曖昧で、ポエティックで、摑みどころがない(笑)。レトリカルなんですね。文体もワーズワース調だといわれたり。トリックスター的というか、硬直した学問体系を柔らかにするような作業を精神分析にもたらしたのがウィニコットなんです。結局、あるけどない、お母さんとの一体感も、なにもかもあると同時にあるもないもない、みたいなところがあるんですね。一人前になるには、母親や母親代理者なしで、あるいは他者なしでなんとか、まがりなりにも時間を過ごさねばならない。それが成熟の達成だとすれば、結局、「一人でいられる」ようになるまでそのあいだがどう可能になっているのか。多くの人たちがこのあいだで挫折したり、滞って立ち止まってしまったり、あるいは引き返してしまったり、そういう臨床的な事態があって、それをどう精神分析で理解し、どう取り扱い、どんなふうに対処していったらいいのかというときに、言語的には、あるとないのその中間に言葉を創りつづけなくちゃいけない。あるいは創意工夫で、その隙間を埋めていかなくちゃいけない。あるいは、このシャープな二分法の分れ目を緩やかなものにしていかなくちゃいけない。こういう課題を引き受けたとき、やっぱり言葉は詩的で、多義的で曖昧なものになるんじゃないかと思います。ウィニコットにはそういう表現がどんどん出てきます。連続することと断絶することを両方引き受けたとき、どういう言葉をそこに発すればいいかという課題を彼は引き受けつづけたんです。臨床をやるということはそういうことだと思います。分かることと分からないこととをとにかく両立させねばならないという事態を引き受けているのが、患者さん自身の苦しみであったりするから、これを手伝う精神科医にはどうしてもこういう仕事が求められるのだと思います。

「血のつながり」から「通じ合う」コミュニケーションへ

── 子どもが胎内にいるときに外部の世界の声が聞こえてくるということがよく言われますね。サル学をやっていらっしゃる正高信男さんが、母親と子どもの声、言葉のやりとりというのはお互いを模倣するような形で行われると言っています。つまり、赤ちゃんがお母さんの声を真似るだけでなく、お母さんも本能的に赤ちゃんの声を真似るわけです。こうした場合、単に記号としての言葉をやりとりしているとは到底思えないですね。

北山 日本語で、気持ちが「通じる」とか「通じ合う」とかと言いますが、血のつながりのイメージは、「絆」にしろ「パイプ」にしろ、人と人のあいだを流れて行き来するなにかです。それに対して記号や意味の場合だと、分かるか分からないかですね。コンセプトとして把握できるかどうか。それに対してお母さんと赤ちゃんがお互いの声を模倣し合うという今のお話は、やっぱり「通じる／通じない」という世界だろうと思うんです。マザリーズ〔まだ言葉が話せない赤ちゃんにお母さんが話しかけること〕の場合でも、メロディだけでやりとりがあるわけですが、それは、「分かる／分からない」というようなことではない。やっぱり「通い合っている」という言葉が相応しいだろうと思うんです。

最近あったことなんですが、ある患者さんが「怒っている」とおっしゃるんです。言葉では「怒っている」とおっしゃるんだけれども、僕はその怒っているという思いが伝わってこないと感じるわけですね。「怒っている」という言葉は、意味的には了解可能ですし、分類も可能です。決して泣き悲しんでおられるとは思わないんですが、しかし語気に怒りがこもっていないんですね。すべて単調にコントロールされてお話しになっているんです。逆に、「私は嬉しい」と言う場合にも、語気に、話し方に、その昂揚感が込められていないんです。子どもたちを観察していると、語気や話し方、あるいは身振り手振りに、その悲しみや怒りや喜びが表現されています。こんなことは、お母さんたちが何千年も前から気づいていたことです。コミュニケーションというものには、言語の「分かる／分からない」という以前に、「通じる／通じない」というレベルがあって、それは子宮のなかの血のつながりが外部に生まれてからも持ち越されている。僕はウィニコットに倣って錯覚という言葉を使っています。錯覚と言ってしまうとなにか悲しい、虚しいと言う人がいるんだけれど、僕は、大人同士のコミュニケーションにおいて錯覚という言葉を使っていいと思うんです。大人になってその手応えのなさもある程度知っているわけですから。ただ、その紛れもない確実なやりとりを、手応えを持って経験している赤ちゃんとお母さんに向って、「それは錯覚ですね」と言うと、それは横から水を差すことになりますけれど。その錯覚にも濃度というものがあるわけで、きっとものすごく現実性の高い錯覚なんでしょう。

僕は比較的健康な人たちのことについて、とりあえずモデルを作らなくてはいけないと思っていましたので、錯覚にも濃度があって、それがだんだん薄らいでいくという、そしてあらゆるやりとりに拡散していくという、その段階論を描き出しているつもりです。本当に百パーセント、文字通りにお母さんとの血のつながりが経験されていた胎内から、臍の緒が切れ、お乳を介したつながりに移行するところで、そのつながりはいったん切れている。でも、その段階ではつながっているという感覚がまだまだ非常に旺盛で、実感としてつながりがしっかり維持されている。それは正高さんのいうマザリーズなどのレベルだろうと思うんです。

言葉の両義性と未分化な経験の共有

——北山さんの書かれたものを拝見していて、本当に実感がこもっているんだなって特に思ったことの一つが、たとえばフロイトは、幼児の発達段階として口唇期の次に肛門期というのを考えますよね。でも長い間あまりピンと来なかった。ところが北山さんの書かれたものを拝見すると「あっ、そうなんだ」と感じる。胎内にいるときには、母親がすべてをこなしてくれてるので、自分自身でこなす必要はないわけですね。だから排便する必要もない。ところが赤ちゃんになると、だんだんそれを自前でやっていくようになる。物を食べて、消化して、こなして、排便するという、このことが、意味を分化させていく。排便は、人間にとってすごく生々しく汚く思えることですが、赤ちゃんはたしかに生れ落ちたときは平気ですね。それがだんだんそうじゃなくなっていく。そういう形で、自分の心身、心と体を律していく。そういう意味の、ある種の自分の心と体を分節化していくような働きをしてるんだというのをすごく実感させていただいたんです。

北山　レトリックだけの、言葉遊びをしているように思われがちなんですが、実際の診療場面でもそれをやっているということをぜひ想起しながら聞いていただきたいんです。母親の理解でもそうなんですが、子どもが入っていると、吐くものもないにもかかわらず、吐き気がするみたいなときがあります。それは実際のところ言葉で言えないもの、言い切れないものを抱えているのではないだろうか。そういった了解というのは、日常場面でもするわけです。若い人たちも「あいつのこと、吐きそう」と——動作もしながら——言うときがあります。心理的に受け入れられないことと、生理的に受け入れられないことが連動しているということ、こうした心身両義性というものを私たちは共有しているんですね。

甘え理論を読んでいたときに、僕も同じように「腑に落ちる」という経験をしました。「甘え」というのは心理的には依存である。比喩的な意味では依存だが、文字通りの意味においては甘いものという味覚を指す。生物学的、身体的体験が心理的な体験と連動していて同じ表現を使うわけです。これは乳幼児においてもともと分化してない体験として経験されていたからだ、と説明されると、ものすごい説得力を持ちますね。私たちに対して説得力を持つだけではなくて、一般の人にも説得力を持ちます。実は患者さんにも「国語でそう言うから」ということで、説得力があるわけです。これは科学的な根拠や実証といったことを超えるリアリティなんですね。'evidence based medecine'(証拠に基礎をおいた医療)という表現がありますが、もうひとつ'language based medicine'、つまり国語に基盤をおいた医学のあり方というのは、もう今から何千年も前から実践されてきたんじゃないかと思います。つまり国語でそういうからきっとそれはそうなんだよ、ああなるほど、国語で言うからねえ、というやつですね。

こうした説得力というものを実はフロイトも活用している。フロイトの言う「不気味なもの」は、実は気持ちのいいものにも使うんだそうです。同じ言葉が裏の意味を持っていたり、別の意味を持っていたりし、実はそれらの意味は分化していなくて、行き来可能で、裏になったり、表になったりする。そうしたことをフロイトも活用しながら、それを説得力にして、論文を書いたりもしてたんだろうと思うんです。日本にはこの態度が輸入されなかったのではないかと思います。昔の医者は日本においても実践していたであろうと思われるような、医者の持っているレトリカルな側面ですね。神主さんも他の方々も、起源においてはみんな同業者だと僕は思っています。そういう人たちが持っているレトリカルな側面がまったく取り上げられないまま私たちは精神分析を勉強していたところがあるのではないか。

フロイトは、ドイツ語の「シュピール」(英語のプレイ)という言葉は、子どもの遊びという意味だけれども、大人の演劇という別の意味もある。だから大人の演劇は、子どもの遊びから発生したんだ、といったことも言っています。あるいはドラという患者さんに解釈するときに、箱というのは女性性器のことだよねっていうようなことを言います。一方で、たまたま二人のあいだで共有された比喩などもフロイトは使ってはいるんです。そういった感覚も大事だと思います。辞書に載っていない、ドイツ語ではめったに使われない、その瞬間はじめて使われた比喩というのが臨床においては大事だというのは分かるけれども、でもフロイトは国語のなかで共有されているメタファーも多く使っています。僕もドイツ語そんなに強くないんですが、ドイツ人と一緒にフロイトを読むと、これはドイツ人ならよく分かるし、メタファーだと言う。なにもフロイトは取ってつけたようなセクシャルなことを言ってるわけではない。英語で言うならばインターコースという、性的な交流も意味するけれど同時に会話も意味するんだと、やりとり、人間関係を意味するんだという、交際を意味するんだという、あの辞書を引いてもすぐに出てくるようなことを、その両義性を患者さんとやっているんですね。

だからこれは説得術だとか、単なるレトリックではない。腑に落ちる、臓物で食べ物がこなされるときの体験と心理的にものごとが把握できたときのあの体験は、実は連動しているレベルがある。これはだれしもが、心理的には共有できるレベルをもっているということで、あるいは脈々と人々が伝え楽しんできた遊びの文化の底にはこういうものがあるということです。臨床的にも、もともと一緒だったっていうことを確認できたとき、要するに体験の基盤としてそれを共有できたとき、そこから新たな関係が開かれる、そういうことを経験しています。

なにか肛門期という言葉そのものがみんなにとって毛嫌いされていて、あまり受け入れられていないわけですけれども、僕は日本人こそ肛門期体験そのものをヴィヴィッドに生きている民族ではないか、なぜなら、こんなふうに両義的な言葉を、肛門期的な言葉を使って私たち自身を表現し、描写しているではないかというふうに思うんです。

もう一つ申し上げると、言葉でこう言うから甘えという言葉は実は甘い体験と依存が結びつくんですよ、ということの言い回しは、決してフロイトがこう言ったから言うことを聞けということではないんですね。私たちの祖先からずっと、赤ちゃんが甘えると言ってきたということを説得力の基盤にしてますから、僕はすごく信用できると思うんですよ。あるいは、契りを結ぶというのは性的な関係をも意味するけど、それでも約束なんですよね、そういったことを昔の人は言いましたよね、というような言い回し。今、声高に言われるんだけれども信用できないと感じることが多いなかで、僕はこれはすごく信用できるし、患者さんにもあまり押しつけにならないと思うわけです。

「いないいないないない／ばー」
――「血のつながり」における静脈的関係と動脈的関係の再現

―― 消化、排出というような形で未分化なものが分化していくプロセスと同時並行的に進行しながら、あるいは、それに多少遅れる形で、赤ちゃんは言葉というものをしゃべりだしますね。言葉に関しては、たとえばフロイトも、「快感原則の彼岸」のなかで「いないいない／ばー」（フォルト／ダー）を取り上げています。ただ一般的にはフォルト／ダーは、言葉が二分法の形で論理を作っていく最初の端緒として捉えられているんですね。たしかにフォルト／ダーのところだけ取り出せば、二分法の練習をしているということになるわけですけれど、そのフォルト／ダーを同じ幼児が連続してやっている。そうしたらやっぱり全体をつないでいるものがそこには存在しているわけですね。

北山 そうです。僕は、あの話を聞くたびに血のつながりのことを思うんです。臍帯の血液の流れには、流入と流出がありますね。お母さんから栄養分を受け取ってくるその流れと、お母さんに排泄物を送り出しているその流れがあります。患者さんと話をしていると、そういうシンボリズムがよく出てきます。一般に、静脈は要らないものが出ていく血液で、赤い血液は私に栄養分を運んできてくれる、酸素を運んできてくれる。排泄すべきものと吸収すべきもののやりとりは、フォルト／ダーを経験する以前からすでに、お母さんとのあいだでなされているんですね。臍帯の静脈的関係と動脈的関係、栄養分が欲しい関係と排泄する関係、それが言語に置き換えられて、言語として象徴化されて、言語としてその本人によって表現されるようになっていく。このプロセスは、フォルト／ダーではじめて始まったわけではない。それ以前にお母さんとの関係は、与えられる関係と投げて受け取ってもらう関係の連続です。お母さんとだけじゃなくて、お母さんの代理者との関係もそうです。オムツを替えてもらう関係と栄養分を受け取っている関係もそうです。

　お母さんの育児の一番原初的な段階で、ごくごくミルクを与えていて、お腹一杯になったらどんなふうにするんだろうかと見ていると、赤ちゃんも舌を突き出したりするんです。もちろんいくら飲ませても拒否しない子どももいるわけですけれど、子どもがもうお腹一杯になったのでプイッと口を背けてしまう、口を外してしまう。お母さんは、それでNOって言っていると、もう読み取っているんです。

　「いないいない／ばー」って普通、受身的に子どもが「いないいない／ばー」をしてもらう、また親が、要するにぴっと顔を出してパッていなくなるのを、子どもが受身的に楽しむというふうに考えられています。やがて子どものほうが積極的に「いないいない／ばー」を実演する、喪失と再会を自分で演出していく、というのが順番の発生論なんだけれども、「いないいない／ばー」って、ものすごい原初において、生まれた直後においても起こっています。赤ん坊は乳首を押し出しますね。僕はこれすごいなと思いました。ぱくっと食いつくことと、自分で舌を出してそれを拒否するということを見事にやってのけて、赤ちゃんてものすごい能動的な存在なんだと。でもね、読み取れる人には読み取れるんだけれども、読み取れないお母さんにかかったら、それでも押し付けられてくるだろうし、あるいは心身のバランスがうまく連動してない赤ちゃんにおいては、欲しいのにうまく受け取れなかったり、あるいは本当に乳首の陥没状態でうまく吸い付けなかったりもする。そういうさまざまな要素が重なって、さきほど私たちが血のつながりの「錯覚」と呼んだものが、うまく成立しないケースがもう原初においても起こる。

　僕は錯覚と呼んで、言葉遊びのように言っていますが、血のつながりというのは、現実にあるんです。その静脈的関係と動脈的関係をうまく再現するために、その後のフォルト／ダーがある、というふうに考えていただくと、まさしく段階論としてイメージしていただけるんじゃないでしょうか。

「デュエット・フォー・ワン」
――クリエーションとしての「つながり」

――「いないいない／ばー」にも実は赤ちゃんの能動性がある。逆に、正高さんが書かれているように、赤ちゃんが言葉を本当の意味で話し出す前の段階で、赤ちゃんがお母さんの声を真似るだけでなくて、実はお母さんにも赤ちゃんの声を真似るという側面もあるんですね。

北山　これはもっと強調されねばならない部分だろうと思います。精神分析の目標は何かっていうと、臨床心理学のなかに位置づけると、治ることだとか、症状が消えることだとかということにどうしてもなってしまう。今の育児体験を原点にしたような解釈からいくと、失敗した例をなんとかもう一度修復するといったことを発想してしまうんです。けれども僕は、今おっしゃったように、お母さんの協力と子どもの協力の両方があってはじめて歌やマザリーズが成立する、と考えています。患者と精神科医の二人だけの劇のタイトルにもなった「デュエット・フォー・ワン」（二人で合奏する一つの曲）という言葉があるんですが、治療もそういうところがあると思います。一つの曲を歌うような出会いややりとりが、治療の場面でもあると思うんです。お母さんが子どもの声を真似る。子どもはお母さんの声に追従するというように、二人で歌うんですね。そこで生まれるものは、相互の協力、まさに「やりとり」、二人の関係者の共同作業としての創造のようなもの、クリエーションとしてのマザリーズなんですね。

だから、血のつながりの錯覚の成立といっても、お母さんが子どもに合わせることだけで成立するのではなくて、子どもがお母さんと一緒に作り上げるという部分もある。血のつながりといったって文字通りには臍帯しかありえないわけですから、二人のあいだに共有される「つながり」というのは、両方が協力しあって創造した錯覚だと思うんです。この部分にはクリエイティヴなプロセスがある。育児におけるこのクリエーションの部分が、臨床においても起こるだろうと思います。クリエーションというと、どうしても人々に喜んでもらえる作品を作り上げるということにつながってしまうんだけれども、そうではなくて、母と子のあいだにもお互いが、二人だけが共有できればいいじゃないかというような歌づくりが、言葉づくりがある、ということだと思います。それは決して作り手と享受者という、いわゆる職業芸術家の芸術活動でなくて、二人で共同作業で創って、両方が同じく使うというような創造です。

——お話を伺っていて思い出したんですが、先日アイヌ語の辞典を引いてみたんです。「チ」という言葉はアイヌ語では実は、「我々」という意味なんです。なにか深いところでつながっているのかもしれませんね。

北山　面白いですね。先にアイヌ語を調べて、「チ」という言葉がこういう意味があるんだというのではなく、先に「チ」というのは面白いんじゃないかと発想があったあとに、調べてみたらやっぱりそうだったというのが面白いですね。

僕は『幻滅論』のなかで浮世絵の研究をやってます。浮世絵のなかに母と子が描かれていて、お母さんと子どもが同じものを眺めている〔図1〕。あれはつながりの象徴だと僕は思っているんです。そういう絵が大変たくさん描かれていて、歌麿なんか

図1　歌麿「風流七小町　雨乞」

は、向こうの傘の穴を見上げている親子を後ろから描いています。主人公は親子であって、眺められている対象はなんだっていいんだ、傘の穴だっていいんだよというような感覚が歌麿にあっただろうなと思うんです。これはきっと何を見ているのか分からないけれども、二人で肩を並べて眺めているという絵があるはずだと思って探していたら、それはもう一杯あるんです。上村松園が母子像を十点足らず描いているんですけれど、そのうちの一点ないし二点は確実に何を見ているのか分からない、それでも二人で肩を並べて眺めている親子なんですよ。だから、きっとポエティック・リアリティというのは、数を数えて、たくさん物を見て、共通項を探し出すというよりも、非常に数少なく、しかし感覚的にこれだって思うようなものが先にあったあとに探しに出かけるとどこかにある、そういう類のことがあるんじゃないかと思いますね。その発見を経験できる瞬間はまさに「有り難い」というか。アイヌの例は僕も帰ってすぐ調べてみます（笑）。

——アイヌ語のことをよく知っているわけではありませんから、これはなにか根本的に間違っているかもしれません。どちらにしても、さきほどからずっとキーワードになっているのはまさに「つながった」という感覚ですね。

北山　いやもうそこで根本的に間違っていようとなんだろうと、この発見と、後で気づかされるかもしれない創造的誤読はなかなか楽しい。つながったという感覚とおっしゃってくださったものが、なんとか共有できたら、セラピーにおいてもそれは貴重な体験になるんだろうと思うんです。これをなんとか可能にしようとしているんじゃないでしょうか。

僕にとっては本当の出会いのほうが面白い。本なんか書くよりも、実際に人と出会えるほうが面白いと思っています。これは不遜な言い方かもしれないのでちょっとお許し願いたいんですけれど、今では僕は人と出会うことを仕事にしているんですが、その前に不特定多数に出会うことを経験してしまったんですね。本を介してというよりもレコードを介して人と出会うということを経験してしまったんです。マスコミという仕事に参加したんです。ところが、そんなに面白いことじゃなかったんです。最初一回目は面白かったけれど、二回目、三回目、たとえば同じ歌を人前で何回も歌うなんてことは面白いことではない。

——でもなにか、ある種の恍惚感があるんじゃないですか。

北山　もちろん恍惚感はあります。一度リングに上った者はリングのことを、あの声援を忘れられないと思っていますけれども、たしかにそういう部分はあります。ただコミュニケーションとして、刻々と移り変わる、こちらからもメッセージを出し、返ってくるという、いま、今日経験しているコミュニケーションの、その量じゃなくて濃度や質、そういうレベルのことを考えると本を書くよりも、編集者と喋っているほうが僕はいい。実はみんな本当はそう思っているんだけれど、それを言うと、読者に悪いのでなかなか言ってないんじゃないかと思う。真実のところ、その読者のなかの特定のだれかとディスカッションするような出会いのほうが僕は面白いと思う。マス・コミュニケーションとパーソナル・コミュニケーションがあって、マスのほうは不特定多数に向って何度も何度も同じ情報を一方的に送り届けるんですね。

母子関係など二者だけしか関与していない関係のなかにも、クリエーションがあるんだという思想を言語化したのはウィニコットですが、この思想に出会うまえに僕は、マス・コミュニケーションよりもパーソナル・コミュニケーションのほうが圧倒的に面白いということを経験した。ジョン・レノンもレコードを出すよりも演奏してるほうがずっと面白かったという発言をしています。一般的にはどちらかというと、順番としてパーソナル・コミュニケーションから出発して、ゆっくりと不特定多数に向って話しかけて、大学の教官になって、本を書きというような、そういう段階論があるんだろうけれど、僕はたまたまそれを逆転して、先に青年期にマス・コミュニケーションを経験していますので、だから余計に言いたいんだと思うんですよ、この観客のいないクリエーションのほうが先だと。

時代そのものも、なにか鐘や太鼓を叩いてマス・コミュニケーションが力をつけていくような時代だったんですね。テレビが家のなかに入り込んできて、ラジオも深夜放送というようなことになっていく時代。そのプロセスに我々はヴィヴィッドに付き合って青年期を送りましたのでね。それまであった非常に個人的で生々しくて、本当に罵声が飛び交い、そして抱き合ったりもする、そのパーソナルなコミュニケーションというものがだんだんに薄まっていくような時代でした。人間は、コミュニケーションの量としてたぶん限られたものしかこなせないんだろうと思うんです。親の死よりも石原裕次郎の死のほうを悲しむみたいなことも目にしてきました。ジェームス・ディーンだとかマリリン・モンローだとか、マス・コミュニケーションにおける死というのが大変大きなものとしてある。じゃあ肉親が死んだことはどうなってしまっているんだろう。死を悲しむということについても、身体に根ざした悲しみとか、身体に根ざした付合いのあるところでの交流といったものが薄められてきている、と思います。ですから、もう一度ここが大事だぞと——回顧的な意味ではなく——言いたいわけです。

中間領域

——二分法的ではない曖昧な言葉のあり方について、『幻滅論』のなかで、たとえば「あきらめた」と言っている人は、実はあきらめていない、逆に「あきらめないぞ」と言ってる人こそ実は半分あきらめている、といった分かりやすい例をお挙げになっています。北山さんは、結局それを理論的に、在と不在の二重構造という形でまとめていらっしゃいますが、実は北山さんのお話と非常に通じるところが、後期ハイデガーの言語論にはあります。

ハイデガーは一九三三年にフライブルク大学の総長になって、明らかに露骨にナチに加担した。それで一年後に総長を辞めざるをえなかった。完全に挫折したんですね。その後、思索に沈潜して、ニーチェを読んだり、ヘルダーリンを読んだりしながら自分の考えを深めていったんですけれど、そのヘルダーリンという詩人を読みながら出てきた考えがあったんです。それは、お祭りの日、祝祭日とは実は昼と夜といった反対同士のものが同時に出現するような時であると。祝祭とは、喜びと悲しみが同時に出現する時である。一見喜びだけが表に現れているときにも、実は悲しみが裏に隠されていて、両者は一体化している。この一体化したあり方が、「聖なるもの」として祝祭日に出現する。「聖なるもの《ホーリー》」という語は、ヘルダーリンの詩から取ってきたものです。

「ホーリー」という語がまた面白い言葉で、聖なるという意味の「ホーリー」は語源的に、英語の「ホール」(全体の)とつながっている。

北山 「ホリスティックな」というのと重なっているんですね。

——そうです。語源的につながっているんですね。だから実は「聖なるもの」とは全体性のことなんですね。

そのことに気がついてからだんだんハイデガーは言葉というものを、「聖なるもの」、つまり「全体性」を含み込んだものとして考えるようになります。喜びの場合は、表に出ているのは喜びだから、表をぱっと見たら、記号のレベルで、単に喜びとしか見えないし、そうとしか読み取れないわけですけれども、表に出ているその喜びの裏には実は悲しみがある。悲しみが裏になければ喜びではない。

もっとも、北山さんが二重構造とか中間項とかおっしゃるものの、ウィニコットの言う移行領域ですね、そういう発想はハイデガーではちょっと弱いのかなとも思いますが。

北山　専門ではありませんが、印象で言いますと、ハイデガーというのは弁証法なのか、妥協形成なのかという問題でしょうね。西洋の場合はアウフヘーベン（止揚）するという弁証法的な動き、そして分化してしまったものを私という自我のもとに再び取り戻すというような、そういう上昇志向的な動きが強いと思うんですけれども、僕がウィニコットに惹かれるのは、そこにその間があって、間を取り持つとか、間を橋渡しするとかという、なにかこう中間項、仲介項によって遊んでいるということがあるからです。

テーゼが母親だとすれば、子どもがアンチ・テーゼになるわけですけども、そのあいだに生まれる中間領域はなんとなく僕のイメージでは、弁証法的ではないんですね。上昇しよう、上昇しようとしていてもいつまで経っても結局辿りつけない、柳に飛びつこうとしても飛びつけない蛙ではなく、むしろ降りることも楽しむ蛙のようなイメージがあります。僕は、上と下はその間の上昇と下降の両方から成る中間なくしては存在しえないだろうと思っています。要するに分裂していても「あいだ」はある、「あいだ」なくして二つの物を語ることはできない。二分法なんていうものが成立するためには、そのあいだに線引きがないとだめですね。その線引きこそ、線こそ中間じゃないか、人間に関わることはすべてそうではないかと思っているんです。よくよく見ていると、無理に二つに分けているだけであって、中間的な人はいっぱいいるというような発見が続くじゃないですか。

母と子がつながって錯覚が形成される。しかし分離に向わざるをえないので、その錯覚が幻滅する、脱錯覚するというプロセスを歩む。この流れは世界中の赤ちゃんたちが経験している――やむをえず経験している――プロセスだろうと思います。そこで脱錯覚の回復、あるいは錯覚の回復のために言葉が活かされるし、むしろそういうことを経験しているということを洞察するためにも言葉は有効であるわけです。ただ僕は、なにかその統合、そしてその世界を両義的に把握すること、フォルト／ダーの両方、清濁併せ呑み、ちょっとずつつまみ食いして、な

西洋ではディベートはいいことですが、日本では自分のゼミでディベートをやろうとしてもほとんど議論になりません。そういう意味で、戦う自我という感じの育ち方を日本人がたしかにしていないと、そういう気がするんです。

そう考えてみると、我々のような大人の日本人って、たぶんもともとどこかで子どもっぽいんじゃないかなと、自分で思ったりするんですね。実際に自分が内部に抱えているもの、子どもっぽいものを、かなり生かした形で我々は大人になっているような気がするんです。

北山　その通りですね。それは実は精神分析が証明してきたことなんですよ。日本人だけではなかったんです。それが土居先生が甘え理論で西洋人に突きつけたことです。自立というのは与える愛を達成することであり、与えられることを求める甘えは弱さの表現であり克服されるべきものだ。大人になってもそれがあるのはむしろ病理である。西洋人はこう言うのですが、大人においてもひとつの成熟という形で甘えを表現できなければならない、経験できなければならないんだということを土居先生はおっしゃったんです。多くの人たちが言っているように、自我という概念のもとで無理やり子どもを大人に仕立て上げて成熟を果たそうとしている西洋人のしんどさみたいなものは抑圧されているわけです。

にか中間的なものを作ってはじめて西と東のあいだにつながりができるという、このあらゆるものに中間形成、中間物形成をつきあおうとする意志というか、これが大事だと思っています。

――ヘーゲルの弁証法というのは、テーゼとアンチ・テーゼがあり、その両者をアウフヘーベン（止揚）して統合するもう一つ上のレベルの第三項が出てくる。そこにはやはり論理的な階層構造がつきまとっている。

実はハイデガーはそのようなヘーゲル的な弁証法に対して否定的です。ハイデガーは、アウフヘーベンというのが本当の全体性ではないと考えています。それは単なる論理でしかないと。ハイデガーの全体性は、喜びと悲しみの両方を含みこんだ形の全体性です。ただ、それでもハイデガーに生々しさが足りないのは、やはり喜びと悲しみの中間領域という発想が弱いせいかもしれませんね。

大人と子どもを二分法的に区別する思考というのも、実は西洋的な思考だと思うんですね。子どもはとにかくいろんなことを学習して大人になっていく。そしてその結果、戦いの砦としての自我を作っていくべきだと。ただ日本ではどうでしょうね。かつてドイツ人にしみじみと言われたことがあるんです、「日本の青年たちはドイツの青年たちに比べて本当にマイルドだな」と。すごく優しいというか穏やかで、とにかく闘争的ではない。

あまり簡単に精神病理学を文化人類学的、比較文化的な話のなかには持ち込めないんだけれども、日本人には二重人格が少ないという話があります。それは、日本人はみんな二重人格傾向を許容されているからかもしれない。西洋人は人格を一重にしなくちゃならないからすごく大変なんです。さきほどのアウフヘーベンにもつながる話です。外国人のお宅に伺うと家のなかを見せてくれる。ベッドルームまで連れていってくれる。これが我々のベッドルームだとかいって。それで夫婦はいつもダブル・ベッドで寝ている。歳をとってもダブル・ベッドで寝ていて、大変だと思うんですね、あの自我は。心のなかのそれに反するようなものというのは、全部抑圧してなくちゃいけない。それでは神経症になると思うんですよ。二重人格にもならざるをえないだろうと思うんです。私たちのなかにいる「子ども」を発見したのがフロイトの精神分析です。抑圧され、切り離されているそれを言語化して、自我のもとにまた置き直すための言語なわけです。さきほどから言っている「言葉」というのはまさしく、私のなかに、大人のもとに子どもをもう一度位置づけ、飼い慣らし、吸収するということなんです。これが西洋人の精神分析だろうと思います。私たちもそれを実践しているわけです。それで西洋人から輸入したものをやってみた。

ところが日本人においては、実はわりと柔軟に大人と子どものバランスをとって生きていこう、というような形で成長したり、あるいはそれを喜びとされるような人たちが僕は多いように思います。個人的な印象なんですけれど、僕は経験的にそう思うんです。子どもの部分と大人の部分を使い分けることを許容する文化、あるいは場所によっては子ども返りをすることを許容する文化なのだと思います。

このことは、日本文化が方向づける成熟の方法とやはり結びついていると思います。僕自身がやはりそういう意味で紛れもなく日本人なんですね。それをもって、外国で外国の人たちの本を読んでいると、ウィニコットの偽りの自己と本当の自己という考え方があったりする。あるいはフェアバーンというスキゾイド、シゾイド問題を提示している人も、外部にいつも合わせながら適応している部分とその後ろに分裂している部分とがある、ということを書いています。二重人格の悲劇といいますか、現代人がみんな抱えている分裂。私たちの言葉でいうと本音と建前だとか、あるいは裏と表ですね。この両方が、実は両方とも本当の自己なんだと、どちらが強いとか、弱いとか、えらいとかということではなくて、むしろこの二重構造をまずは肯定するところから出発する。それは冷静になることであり、落ち着いた生活を営めることにつながると思うのです。

その一つの方法として、僕は多義性、柔軟性の回復ですね、そういったものを可能にして行く援助、精神分析というものを考えたいと思っています。それは最初からそう思ってやっていたわけではなくて、私という人間が、日本という国でフロイトの理論を実践していたらこうなってきたという話です。それでフロイトやウィニコットに出会うなかで、中間領域などが発想されてきたんだと思います。

現代の「抱える」環境

——たとえばさきほどの二分法の問題でも、0か1かとか、子どもか大人かとか、一見そういう二者択一を迫ってくるように思えるものについて実は決着がつかなくて、中間項、中間領域を生かしていこうとする。結局、子どもと大人の両方が生きてくる中間領域が生れてくるということなんですよね。なにかを中間に置くことによって二つの極がつながってくる。

中間領域を立てるということは、結局、抱えることに関係するような気がします。最後にお聞きしたいのは、現代日本では、母子関係、家族関係、学校などの場で子どもが成長していく過程において、その抱えるということが今どうなっているのか、ということについてです。0か1かという決着をすぐにつけたり、ぱっと結論を出したりするのではなくて、ずっと抱えている、二つの極を十分生かしておくということが今どうなっているのか。

北山　時代の話ですね。ウィニコットの思想を読んでみると、赤ちゃんがお母さんに抱えられ、お母さんがその家族に抱えられる、たとえばお父さんに抱えられている。そしてお婆ちゃんや町内会がその家族を抱え、そして町がそれを抱え、国家がそれを抱え、そしてそれを地球が抱え、それを宇宙が抱え、というふうになにか同心円状に抱える環境を彼は想定していたようです。まさしくインヴァイロンメント（環境）という言葉が、抱える、包むというインヴェロップという言葉と同じような意味合いを持っているように、同心円というのは年輪のように広がっていくんだと思うんです。お母さんが子どもを抱える、あるいは医者が患者さんを抱える、あるいは病院がスタッフを抱える。決して一重では、あるいは一人では抱えるということはできないと思います。

私が治療者として、クライエントや患者さんを抱えるためには、きっと私もスタッフに抱えられていなければならない。私は安定した応接セットや良い受付をきちんとしつらえることを通してこそ、その中ではじめてクライエントと出会えるのだろうと思うし、そのクライエントを私だけが抱えているわけではなくて、お母さんが抱え、お父さんが抱えている。そこにはやはり「親亀こけたら皆こけた」みたいなことがあって、ひ孫亀までこけるんですね。みんなが抱え合っているという、相互依存のイメージがどうしても僕には伴っています。おっしゃるとおり、コミュニティの崩壊やさまざまなネットワークの断絶等々で、昔からあった抱え合いの構造は、実際本当にあちこちで切れていて、抱えるということが一人でなにもかも背負い込まないといけない、他はみんなバラバラになっているというような事態がある。結局次々と抱えなくちゃいけない人が挫折し、バーンアウトし、抱える構造そのものが昔ほど信用できるものでなくなってきた。

特に臨床をやっているとそういう失敗例ばかりを見させられるもので、その辺に関しては悲観的です。だから「時代的にどうなっているんですか?」と聞かれると、本当に昔のように安心して頼れるような抱える構造は、たとえば家族にだってそんなに期待できなくなっていると答えるしかありません。でも本当に事例に出会うたびに思うんだけれども、その抱える環境をもった人ほど直りが良いし、やっぱり振り返ってみて重症の患者さんの方は、やっぱり抱える環境、抱える構造があったからこそやれたんだなあと思います。決してセラピスト一人でうまくこの人が居場所を得て、ここにいてもいいんだという感覚を伝えたのだとは思えないですね。

治療室という抱える環境の問題一つ取っても、大変大きなテーマです。その部屋に入ってみて、ここに置く家具は何がいいかとか、椅子の位置はどの場所がいいかとか、九〇度法〔セラピストとクライエントが九〇度の角度をなして行う面接法〕がいいかなどということを考えるのは、僕が開業医だったから、つまりそれを買う人間、それをしつらえる人間だったからこそその意識があるわけです。ところが、みんながこのごろはサラリーマンで、雇われてその部屋を使っていると、そこに趣味の悪いカレンダーが掛かっていても、これは院長が掛けたんだとか、これは教授の趣味だとかということで、自分の責任じゃなくなるんですね。抱えることということは、自分を抱えてくれる環境をどう設定するかの感覚です。

抱える環境の原点は、ホールディング・アームス、抱える腕です。つまり、抱えるということは、腕の仕事なんです。おっぱいのミルクの味だとか、あるいは粉ミルクがいいのか離乳食がいいのかといった中身的な問題ではなくて、実はその赤ちゃんがチュウチュウとおっぱいを飲んでいる、その血のつながりの創造、クリエーションを可能にしている「場」、それを支えていたのは、実はお母さんの腕であったということです。その腕の価値は、本当に計り知れません。もちろんそれは、父親の抱える腕であってもいい。しかし、哺乳瓶だけ口にくわえさせておいて、後は座布団で寝かせているというような育児が登場することによって、抱える環境ではなく、おっぱいだけの問題になってしまっているというところがあります。だとすれば私たちはやはり、その抱える環境の価値を主張していかざるをえない。

図2　松園「夏の宵」（部分）

そんなことを言ったって、時代は暴走列車のようにある方向へ進んでいます。いつも思うのですが、私たち精神分析医や精神科医の仕事というのはその暴走列車の後ろで、それから振り落とされていく人たちを収容することなんでしょう。

歌麿たちは、母と子がなにかを見ている、花火を見ている、あるいは夕焼けを見ている、あるいは虹を見ているところを描いています〔図2〕。ところが彼らは、抱えているお母さんの腕をしっかりと描き込んでいるんです。普通は二人が顔だけ並べてなにかを見ているところしか描かないんだろうと思うんですね。ところが、ぜひ母子像を見てください、作家たちは全部、あたかも子どもを抱えている腕こそが主人公であるかのように描いているんです。これがまさに見事で、つながりがそこで支えられているということです。だから身体接触をしてつながっているのか、つまりタッチングでスキンシップなのか、あるいはなにか媒介物、言葉やおもちゃをはさんでつながりの錯覚を経験しているのかのどちらかということではない。見事にこの母子たちは、身体接触をすることと、なにかを媒介にしてあの錯覚を楽しむことの両方をしているんです。

二分法的な世界に巻き込まれると、抱っこするのがいいのか、離してなにか媒介物を介してつながった方がいいのか、つまり実弾を与えるのがいいのか、おもちゃを与える方がいいのかということになってしまうけれど、この身体的交流や情緒的交流、腕を肩にまわしているこの交流と、そして同時におもちゃを介して、「面白いね」とか、「今日は夕焼け綺麗だね」とか、なにかを媒介にして世界へ開かれていく交流と、この両方経験させてくれたこの母親的存在がいてくれたからこそ、血のつながりから世界の言語を介したつながりへと移行できたんだろうと思うんです。

この身体的につながりながら世界に開いているという、この原点の構図が大変重要だと思います。これを記録し、書きとどめていた芸術家たちが日本にいたことをうれしく思います。

――最後に、角川文庫から『日本一短い母への手紙』という本が出ていまして、受賞作品にこういうのがあります――「お母さん、／雪の降る夜に私を生んで下さってありがとう。／もうすぐ雪ですね」。自分が生れた夜、雪が降っていたというわけですけれども、これは文字通りの血のつながりが切れた悲しみの日ですね。でも逆に北山さん的な言い方をすれば、比喩的なつながりが生れた喜びの日でもあるんですね。さきほどハイデガーの見方として、喜びと悲しみが一体化していることを申し上げたんですけれども、まさにそういう悲しみと喜びのないまぜになったものがしみじみとよく出ているなと思ったんです。

北山　それをお母さんに向けて語れるのはすばらしいですね。普通、今のようなことはお母さんに言えないまま、みんな一生を送っていますね。今みたいな短い、日本一短いというのが意味があるのは、その両義性、多義性みたいなものが本当に集約するというか、まとまったことに意味があるんでしょうね。これを私たちは、すでに百万分の一ぐらいまで薄めていて、百万回ぐらい語っても、結局はつながっていないのかもしれませんね。見事にそこがよく出ていると思いました。

第二部　メディアとイメージ

イメージと身体——私がメディアについて考えている二、三の事柄

鷲田清一

「IT革命」という言い方がなされております——あの森内閣のときからでしたでしょうか。もう最近は「聖域なき構造改革」の方に話が移動してしまい、合言葉が変わってしまいましたから、今ごろ「IT革命」なんて言葉は言っても仕方がないのかもしれませんが、私にはそのIT革命というのが文化にとってどれほどの激震であるのか、どういう革命的な出来事であるのかよく分かりません。先だってある地方新聞でものすごく腑に落ちるIT革命の説明が書いてありまして、私はそれが一番今気に入っています。似顔絵作家の山藤章二さんによりますと「IT革命っていうのはイチロー&剛の革命だ」っていうことになる。要するに、イチローと新庄という二人の「IとT」のおかげで日本人のイメージがアメリカで一新した、これは革命の名に値する、っていうわけです。

「IT革命」によって一体何が根源的に転覆されるのか。あるいはそういう流行語を使わないとすれば、主として電子メディアの登場ということですね、そのことによって一体何が変わったのか、あるいは表面的には変わったけれども、実は文化としては何も変わっていなかったのか。そこの見極めが私にはまだよくつかないでおります。そこで、このまえ知人の建築家から聞きました非常に具体的な話から、つまり建築設計という非常に具体的な場所で起こって

いる「ＩＴ革命」の話から始めてみたいと思います。

建物の佇《たたず》まいに対する身体感覚

建築設計といいますと私たちは大きな製図板をイメージします。あと、Ｔ定規とかいうものを使ってまっすぐな線を、精密にずれもなく引いていく、そういうシーンを思い浮かべます。さて、最近はそんなふうにして設計する人は皆無に等しいということを聞きました。どういうことかと言いますと、パソコンのＣＡＤというソフトを使って、たとえば屋根は角度を何十度とか、あるいは屋根の色は何であるかとか、窓は直径何センチの円であるとか楕円であるとか、そういうことを打ち込むと完璧な図面が出来上がってくる。たとえば「長方形」と打ち込むと完璧な長方形が出来てくるし、楕円も、二つの中心の場所を指定すれば、完全な、手で描くときのような歪みのまったくない、きれいな完璧な楕円の窓が出来てくるわけです。あるいは「緑」と指示すると、手塗りの場合だったら濃い薄いがありますが、何ら濃淡のムラもない完璧な緑の壁面が出来上がるわけですね。そういうかたちで、完全な、色の滲みもないし凸凹も歪みもない、そういう製図がたちどころに出来るようになる。だからコンピュータの操作さえ、入力の仕方さえ習熟すれば誰でもすぐに思い通りの線が引ける、思い通りの色が塗れる、というわけなんです。習練といったものは必要ないわけです。

しかしこの「思い通りに」というのがくせものです。今言いましたように、柱の組合せはどういう角度でやるとか、窓の形はどうするとか、この線とこの線は平行にするとかいった、そういう観念をそのまま思い通りに図にするということはたしかにできるのでしょう。ただ、そのときに思い通りというのは頭で考えたまま、イメージしたままということなのです。ところが、実際にはどうなのでしょう。私たちが家や建物を見るときに、どこが平行になっていて、これの形は楕円で、これは緑という色で塗ってあってとか、そういうかたちでその家の印象を感じるでしょうか。たとえば、「この家チャチだな」とか、「凄いなあ、立派だなあ」という印象を抱く、そういう感覚。あるいは「窮屈そうだなあ」とか、「偉そうにしてるなあ」とか、あるいは「何となくこの空間のなかに入ると心が安らいでくるなあ」とか、そういう印象を私たちは建物の前で、あるいは建物のなかで抱きます。それを普通私たちは「佇まい」というような言葉で呼んでいるわけですね。そういう家の「佇まい」が与える印象というのは、畳とか壁土とかから漂ってくる匂いであったり、木材とか石といった建材の感触であったり、あるいは屋根と壁の角度であったり、そういうものの複合的な効果としてあるわけです。どうしてチャチに見えてしまうのか、あるいはどうなると逆に偉そばって見えてしまうのかというのは、佇まいに対する感覚として、つまりは体で覚えるしかないものなのだと思います。そしてそういう建物の佇まいというのは、こう線を一本製図板に引くときの、そのペン先、あるいはペンを持つ掌、あるいは手を上げるときの肘、そういうもの全体に関わってくるのではないか、つまりペンを持つ指先には、佇まいの全体がぐーっと圧縮してきているのではないかと思います。

これは、画家が風景画を描くときのやり方と非常によく似ています。画家は、非常に大きな風景画、大作を描こうというときには、まず現場に行ってそしてスケッチをして帰ります。一回では描けないので、何度も何度も通って大きな風景画を仕上げていくわけですが、私たち素人からすれば、最初に一回よく見て、その後写真を撮っておいて家に帰って写真を見ながら描けば正確に描けるのにと思うのに、画家は絶対そんなことしない。プライドが許さないという意味じゃなくて、それでは絵が描けない。スケッチというのは、本当にラフなものである場合もあるし、あるいはしっかり細部を描き込んだものである場合もありますが、画家が風景の佇まいというものに最初に触れたときの、その体全体で感じたものが、その非常に簡素な線のなかに、走るように描かれる線のなかにぎゅーっと圧縮されている。だから、画家がアトリエに帰ってその風景の佇まいを思い出しながら描くときに、このスケッチが必要になってくるわけです。画家は、情報としては少ないかもしれないけれども、ある佇まいをそのまま浮き上がらせている、そのスケッチを見て描くのであって、決して写真を見て描くのではない。

それと同じようなことが、おそらく製図板に一つの線を引くときにも生じてくると思います。指で描くというのは、ただ単に手が動いているということではなくて、手のなかに体で感じた全身の印象というものが凝縮されて現れてくるというところがある。ところが、「思い通り」に描くという場合、指のなかにこもっているのではなくて、頭で観念として捉えた「楕円形」や「緑色」、そういった観念を入力する、そしてそれがそのまま製図として寸分の狂いもない絵になる、そしてそれを見ながらまた別の人が家を建てる、そういうことになるわけです。そこからは、先ほど言いましたような「佇まい」が非常に薄っぺらな建物が出来てくるにちがいない、そう思うわけです。

いまの建物は大半がそういうふうに作られていて、そして私たちはそういう建物にもやがて馴染んでいく、それなりに住み心地よい住み方をしていくのです。CADは建物を、あるいは一般に建築設計ということを駄目にしているのか、それともこれまで私たちが知らなかったような空間を創り出しているのか。つまり昔の大工さんだったら「何というチャチな建物だ」とか、「風格というものがねえなあ、これは」とか言って嘆くんじゃないかと思われるような建物に対して、これからは、そこに住まう人が今までの家に感じなかったような、ある別の新しい空気や空間をそこに感じていくことになるのか。私の知人はそこの見極めがつかないと言っていたんですけれども、そっくり同じことが、電子メディアという問題を考えるとき、あるいはIT革命ということを考えるときにもそこにかぶさってきているような気がします。

「インプロージョン」としての電子メディア革命

さきほど「IT革命」という言葉に触れました。革命というのは、社会のなかに爆発や転覆が起こることです。その爆発（イクスプロージョン）というのは、外に向って（イクス－）、バーッと放散する、拡散する、破裂する、そういうイメージがあるわけですけれども、電子メディアの登場が一つの革命であるとしたら、それは「イクスプロージョン」ではなく、「インプロージョン」なのだと言った人がいます。インプロージョンというのは、普通「内破」と訳されますが、ダム工事などで、中側から山を破砕するやり方で、要するに内側から内部の構造自体を破裂させる、あるいは別の物に変えてしまう、そういうものです。このインプロージョンこそがメディア革命の実質ではないか、と言ったのがマーシャル・マクルーハンという人です。一九六五年だったと思いますが、彼はそう予言したわけです。

どうして電子メディアの革命はイクスプロージョンじゃなくてインプロージョンなのかと言いますと、それまでのメディアは、たとえば通信手段一つとっても、いわば外に向けて拡張していくものだったわけです。つまりコミュニケーションができるエリアをどんどん広げていく、交通手段や通信手段によってどんどんその範囲を広げていく、そういうものだったのです。よく二十世紀とは秘境がなくなった世紀であると言われます。つまりこの地上にもはや、誰も足を踏み入れたことがないような、そういう未知の秘境がなくなってしまったということですが、要するに電信電話、あるいはテレビが、世界中にどんどんコミュニケーションのネットワークを広げていって、地球上にもう情報が届かないところがないような状態を実現した。さらに電子メディアがコンピュータの発明とともにどんどん進化していき、もうこれ以上外部に拡張していく余地がなくなってしまった。つまりイクスプロージョンが起こる余地がなくなってしまった。「外」はほとんど完全に飽和状態になってしまって、逆に私たちの感覚とか知覚、あるいは思考、そういうもの自体の内部構造を破裂させるような段階にきているんじゃないか、そこに眼をこらすべきだ、というのがマクルーハンの予言にあったメッセージなのです。

メディアの歴史と「リアリティの変容」

文字の発明から電子メディアの進化に至るまで、たしかに私たちの歴史のなかでメディアはいつも、私たちが世界に関わるときのその関わり方、仕組みを大きく変えてきました。物を感じる、物を知る、物を考える、そういう私たちと世界との関わりの構図自体を、メディアは大きく変えてきたわけです。まさに「リアリティの変容」を引き起こしてきたわけですね。

たとえば文字の登場とともに私たちは、非常にスパンの長い持続的記憶というものを持つことができるようになりましたし、印刷技術の登場とともに書物や新聞が登場してきて私たちは、いわゆる「内面」というものを持つようになりました。つまり、黙読という習慣によって、自分のなかで会話をする、そういうかたちで「内部」とか「内面」というものを持つようになったのです。さらに電信電話の発明は距離というもの、人と人との隔たりというものを消去していきました。ブーアスティンという社会学者は、今から三十年ほど前、宇宙飛行が始まって、「宇宙時代」といわれたときに、それは不正確だといいました。有名な言葉ですが、いま始まりつつあるのは宇宙時代、つまりスペース・エイジじゃなくて、スペースレス・エイジだ、といったわけです。スペースレスというのは空間がないということです。だから、「スペース時代」の登場とともに「スペースレスという世界」になっていったという、まあジョークのようなことを言ったわけです。

コンピュータはさらにそれを促進して、時間的にも空間的にも遠近法ということをなし崩しにしていっているといえるのかもしれません。コンピュータによって私たちは、時間の編集、あるいは空間の編集、あるいはリセット、あるいは再編成を思い通りにできるようになる。世界から遠近法を取り外す、そういうことをコンピュータはしているのかもしれません。

こういう「大きい物語」としてメディアの歴史を捉えたときに、一体電子メディアの出現によって何が根本的に変化したのか、ということが問題になります。人が記憶を持った、あるいは人が内面を持った、あるいは人がスペースレスな空間のなかに住むようになった、こうした変化に代わるような凄まじい経験の変換というものが本当に起こっているのかどうか、ということです。ただ、私としては、そういう新しい技術というものに接したときに、何か古い、ああ、かつてこれに似たことがあったなというイメージがいつも折り重なってしまうのです。

電子メディアの「新しさ」?

iモードとか携帯電話で「出会い系サイト」というのがありますが、そういうコミュニケーションを最近社会学の人たちは「インティメート・ストレンジャー」という言葉で捉えています。「インティメートな(親密な)」人というのは、かつては家族とか、親友とか、親戚とかいうものでしたね、それから隣近所の人とか同僚とか。一方、「ストレンジャー」というのは異人、外国の人とか、文化の異なる人とか、性格が全く異なる人とか、要するに馴染みのない人たちです。その二つの概念をくっつけて、私たちの最近の人付き合いが目指しているのは「インティメート・ストレンジャー」なのだ、というわけです。だから突然全く知らない人とサイトを通じて結びつき、そこでまるで家族に話すように、あるいは親友に話すように、プライヴェートな問題、抱え込んでいる悩みなんかをボソッと話してしまう、しかも匿名のままで内部の非常にプライヴェートなことを接触させるという、そういう付き合いが可能になってきているというわけです。けれども、あえてここで古臭い人間の振りをして言いますと、そういうことは旅先ではしょっちゅう起こることですし、居酒屋ではほぼ日常的に起こることです。出会い系サイトでパッと繫がったように、たまたま居酒屋で隣り合わせただけで、どこか親密な場所に移動するというようなこともよくよくある話で、一体何が変わっているのだろうか、とも思うのです。あるいは知らない人に打明け話すると言っても、街角には占師が一杯いて、いろんな相談事を持ちかけて、これ、結婚して本当にうまくいくんだろうかとかいうこともボソッと漏らしてしまうわけですから、まさにインティメート・ストレンジャーそのものだともいえます。あるいは現代社会のコミュニケーションは、送信者と発信者が不明なままの「無構造」のコミュニケーションが基本形態になっている、ということを言う人もいますが、これも別に電子メディアが始めたわけではなくて、社会がさまざまな「縁」——血縁とか地縁とか社縁とか——を解体していった、そういう社会過程がまずあって、電子メディアはいわばそれを促進するきっかけになったにすぎないのではないか、そう考えられないこともない。

さらに、「ヴァーチャル・リアリティ」ということもよく言われますが、テレビ・ゲームに興じている子どもで、リアルとヴァーチャルの区別がつかなくなった人など出会ったこともない。かえって大人の方がやり出すと夢中になってしまうようで、子どもたちはむしろ、これはゲームであるということが本当によく分かっていて、大人よりかえって判断力があって、適当なところで潮時と判断してさっと止めて帰る。そのまま夜中までなだれ込まない。だから別にそれはヴァーチャル（仮想的）であるとか、イマジナティヴ（想像的）であるとかいうものではない——「想像的」ということなら文学の方が凄まじいです。文学の方がかなり過激で、ジャーナリズムもそうですが、あることをないことのように、ないことをあることのように表現する。文学のなかの、たとえば殺人とか愛とか破壊とか、そういうものへの欲望というのは、私が知った限りのテレビ・ゲームよりも遥かに暴力性は高い。テレビ・ゲームをするよりも小説一冊持つほうが危ないと思います。第一テレビ・ゲームは、イマジネーション（想像）よりも先にイメージの画像を送ってくるので、欲望自体が先に萎えてしまうということがある。つまり人間の欲望というのはイマジネーションとつねに連動しているわけですから、先にイメージが送られてくることによって、イマジネーション自体が腰砕けになる。自分が摑みに行く前に先に与えられるわけですから、結果として欲望が萎えてしまう。こういう事態が、非常にリアルに起こっているように思います。
それから、よくコマーシャル論などを書いている人なんかが、私たちの社会では対象物そのものへの関心からではなく、対象を欠いたイメージとの接触から欲望が掻き立てられる、と言います。その対象を持たないイメージの氾濫として広告を考え、そしてそれと欲望との共犯関係、いいかえると巨大資本の提示するものと私たちの非常に私的な欲望とを直接連結するようなそういう消費のシーンが出てきているなどという表現も、七〇年代ぐらいからよく耳にしました。こういう議論のなかにそんなに新しいものがあるような気はしません。特に最初の「インティメート・ストレンジャー」については、実は十九世紀の終りにボードレールやポーが描き出した群衆というものの出現、都市における群衆体験の出現ほど画期的なものではないのではないか。あの群衆のイメージと、現在の「インティメート・ストレンジャー」という概念と比べたときに、その凄さというのはむしろ群衆の登場のときの方がしのいでいたような気もします。

ということで、少なくとも私の非常に狭い経験のなかでは新しいものというのはまだよく見えてこないのです。一度だけインターネットというものをやったことがあります。そのとき面白かったのは、実は助手の人に手伝ってもらったのですが、私の名前を入れろっていうから打ち込んだら、検索でばあーっと何百と自分の名前が出てくるんですね、度肝を抜かれたわけです。どれひとつとして私への手紙じゃないし、一番ひどいのは、京都大学に一年間非常勤講師として行ったときの講義の日記が載っているんです。それを開けると、その人はなんだかんだ言って一年間一度も私の授業に来なかった人なんですが、その人が今日は朝どうしても起きられなかったとか、大学に行っても授業に行く気はあったんだけど喫茶店で沈没したとか、それで帰りに友達にどんな授業だったのか聞いて、私の講義をまた聞きで一年間記録にした人がいたのです。これを見て恐くなって、私の授業はこういうものだとして、それを世界中の人が見て、そしてそれをネタに批判の文章を書いたりとか、盗んだりとかしていると想像したらぞっとして、それ以来開けてないんです。それに読みたいものを見つけても、それは読めないことがありました。「これはどうして読めないの?」と助手の人に聞くと、「これはメンバーだけです」というわけです。秘密の批判を数人で言い合っている、悪口を言い合っているというメッセージだけがあってその中身は読ませてもらえない。とにかくそれ以来、インターネットというのは全然触るのもいやになりました。が、面白いのは、「大丈夫大丈夫、こんなのどれが信用できるか、できないかというのはすぐ分かるんです」っ言うんですね、助手の人は。どの系列のやつは信用に値するかしないか分かる。そう考えてくると、そうなのか、やっぱりこれも新しくないんだ、つまり昔の人が「塩梅」とか、「勘」とか、特に「潮時」とか——そろそろこのあたりでやめておいたほうがいいなとか、深入りしないほうがいいなとかいう——そういう古いものとの関わりのなかで人々が磨いてきた身体感覚ですね、そういうものをあれをやってる人もみんなちゃんと持っているのだと知って、ああ何も変わっていないと思ったわけです。

子どもがテレビ・ゲームしているのを見ていても、「この子はちゃんとバランス感覚持ってるな」と思うんです。テレビ・ゲームをしているときに子どもはものすごいスピードで手を動かしていますが、あれは触覚で視覚とのアンバランスを取り直しているんだという気がしてならないのです。テレビ・ゲームは視覚的な刺激がすごく強いですから。私がよく挙げる例なんですが、長電話をしているときに必ずみなさんほとんど例外なしになさることがあります。お分かりですね。あの、訳のわからない、線とか三角形とか丸とかを書き出すんですね(笑)。鉛筆と紙があれば、知らないあいだにキュキュッと線を引いていて、それがそのうち三角形に拡張していって、さらに塗りつぶしたり書き足したりしているうちにどんどん増殖していって四角形になったり、丸になったりする……。筆圧も裏に写るぐらい、ものすごく強い。出来上がったものを見るとシュルレアリスムの絵のようで、これはもうまるで自分の無意識、おどろおどろしい無意識を見たようなすごい図柄になっている。これも実は、聴覚刺激を突出させた感覚系のアンバランスを、手を動かし触覚刺激を自らに与えることで取り直していると考えられないでしょうか。

そこで最初の、家の佇まいの話に戻りたいと思います。佇まいというのは、一種の気配の感覚です。それは私たちの五感のどれかひとつ、あるいは身体の特定の器官で感受するような情報ではなくて、私たちが何物かの前に立ったとき、あるいは誰かの前に立ったときに身体で感受するものです。人間の場合だったら顔の経験ですね。顔というのは気配の経験で、その証拠に一番普段よく顔を合わせているはずの家族ですね、その家族の顔を絵に描きなさいとか、あるいはお母さんは眉毛はどんな形をしていますか、お父さんの鼻はどんな形ですか、唇はどんなのですか、耳はどんな形ですかといわれて描ける人、あるいは言葉で描写できる人は非常に少ないように思います。顔はふっと浮かぶんです。面立ちはふっと浮かぶんですが、細部というのはよほどの観察をしなかったら、あるいはモデルにして絵を描いたのでなければはっきりとは捉えられない。近しい人の表情というのは、実はきちんと観察できていないんです。そういう佇まいとして——人間の場合だったら顔として——現れてくるものの、そのほんのちょっとした変化を私たちは読み取って、怯えたり、震えたり、振り回されたりするわけです。そういう佇まいとか、顔とか、あるいは気配とかいったものの経験と、この新しい電子テクノロジーとの関わりというのがあるのかないのか、それを最後に考えておきたいと思います。

気配の感覚と電子メディア革命

精神科医の中井久夫さんが、徴候、つまり非常に微細な気配の変化というものを読む、そういう感覚についてお書きになった文章が、『分裂病と人類』（東京大学出版会、一九八二年）という本のなかにあります。狩猟採集民が世界の変化を感じるときと、それから定住生活を始めた農耕民が世界の変化というものを感じるときとの感覚の構造的な違いについて論じておられる文章です。まず、狩猟採集民族は、カモシカなどが数日前に通った足跡を——その後風で吹かれたりしているにもかかわらず――認知したり、あるいははるか遠くにあるかすかな枝の揺れとか、草の乱れとか、あるいは風が運ぶ香りとか、そういうものから獲物のいま居る場所を嗅ぎあてたりするという、すごく高い感覚性をそなえた認知能力を持っているわけです。風の枝の揺れとか、草の乱れとか、かすかな臭いとか、そういうものが何の脈絡もなしに、ばっばっと非連続で微細な情報として入ったときに、そのつどひとつずつに同時的、あるいは瞬発的に――「点的に」という表現をなさっていますが――反応する、そういう感度の高い感受性を持っている。それに対して農耕民は、そういう点的な感覚ではなしに、いつでも未来との関係で現在を考える――作物を貯蔵するのは次にまた食べ物がなくなったときのことを考えるわけですから。何かを願望したり予測したり計算したり計画を立てたり収穫を待ったり、あるいは分配したり蓄えたり、そういう未来との関係で計画を立てて今なすべきことを考える、そういう感受性が確認できるとおっしゃるわけです。

未来との関係で現在を考えるというのは、今の企業活動がまさにそれです。今の企業活動が農耕民文化の典型だなと思うのは、完全に前を見て未来との関係で現在のステップを決めるというかたちになっていることですね。たとえば会社では何かあるプロジェクトを考え出し、プロジェクトを考えたらその次に利益の見込みを考え、そして利益の見込みが成り立つとすると計画段階に入る。これは全部「プロ」がついてます。プロジェクト、プロフィット(利益)、プロスペクト(見込み)、それからプログラム(計画)ですね。プログラムが立ったらプロデュース(生産)の体制に入る。生産が済んで販売が済めばプロミッソリー・ノート(約束手形)で支払いを受ける。そして総括して、この事業は成功だった、会社としてはこのおかげで前進した、進歩した(=プログレス)というプロセスが確認できたら最後はプロモーション(昇進)が待っているというわけです。出来すぎなくらいに全部、「前」との関係、未来との関係で現在を決めるっていう感受性になっているわけです。

中井さんの言葉に戻りますが、最初に言いましたように、狩猟民族は、非常に微細な、複数的、同時的に起こっている点的な変化に対しては、ごく微細な感受性でもってそれに感応していく。したがってノイズも多い。しかしなんらかの情報が将来的に役に立つか立たないか、いい情報か悪い情報かというのは、過去の蓄積によって嗅ぎわけられるようになる。つまり農耕民のように記憶の蓄積をして、その過去の経験から現在を判断してこれはノイズだ、これは重要な情報だ、と嗅ぎわけをするわけです。それを狩猟民的な感受性はしないですから、つねに現在ですから、ノイズの吸収力に欠けると中井さんはおっしゃるんですね。それに対して農耕民的な感受性の場合には、今起こっていることを決めるのに未来との関係で決める、そして未来との関係を決めるときこれまでの蓄積した経験というものが活きてくる。こういうテーマだったらこういう情報を大事にしろっていう判断ができるから、ノイズの吸収力がものすごくいいんですね。あってもなくてもいいような無意味な情報っていうものを切り捨てるのが速い。そういう意味で安全ではあるわけです。しかしながら、もちろんここにもノイズがあって、未来との関係で現在を考えますから、今度は未来への不安とか願望が自分自身に新しいノイズ、現在の情報を判断するときにノイズを与えてしまうということも起こるわけですね。だからその不安を解消するために、私たちは農耕民族の執着気質といわれる非常に奇妙な感受性を日常生活に呼び込んでくる。これが物を整頓する、あるいは常に忘れ物調べをする、あるいは同じ服を着る、あるいはきちっとしたスケジュール表を作るとかいったそういう非常に規範的な生き方、人もまっすぐ並んでないと気になる、というような感受性を培うことにもなるのです。

最後に、これが結論になるんですが、もしも今の電子テクノロジーの出現が、これまでの文字の出現、印刷機の出現、テレビの出現、電話の出現と同じような大きさの文明史的な意義を持つのだとすれば、おそらくそれはもう一度私たちがこの農耕社会的な感受性から別の感受性へと出ていく、それを動機づけるものになったときではないか、おそらくそのときはじめて電子テクノロジーの出現は、文明にとってひとつの出来事であった、革命であったといえるのではないかと思います。別の言い方をすると、文字が可能にしてきたリニアな(線的な)思考系列——線状態の起承転結とか、本を順番に読むとか、手紙を前から順番に読んでいくとか、理論を考えるとか、物語を考えるとか——からもう一度狩猟民族のような点的な思考系列——特に音声と映像からなる新しい無文字的な思考、文字を欠いた思考、線形な思考法ではない思考へと出ていくこと。それをイメージ的思考、イメージによる思考、図像的思考という人もいらっしゃいます。そういうイメージがイメージに感応して自らを増殖させていくような、決して論理的でもなければ物語的でもなくていわゆる非因果系列の思考法というもの。もし電子メディアが私たちにこうした思考法を可能にしたときには、ひとつの革命的な出来事が起こった、と判断していいんじゃないかと思います。私たちがこれまでとは異なるような感覚の統合の仕方、「リアル」の感じ方ですね——見たり、聴いたり、触れたりするそういう感覚の統合の構造自体が変わるということが起こったとき、そのときはじめて電子メディアは、感覚の革命であったり、知覚の革命であったり、ひいては文化の革命であったりするといえるのではないだろうかと思います。

非常に大きな話ですが、この革命は、私たちの空間に対する感覚を根本的に変えるだけでなく、同時に私たちの時間に対する感覚の変容にも繋がっていくでしょう。過去から現在、現在から未来へと時が流れるといった時間感覚、あるいは物語を紡ぎ出していくような時間感覚ではないような時間感覚ですね。これは文明史的にいって経験の根っこに関わるきわめて重要な問題だと思います。

※本稿は、二〇〇一年七月二十九日、甲南大学で開催されたシンポジウム「リアリティの変容?——電子メディア/アート/セラピー」における講演を元にしたものである。（編者）

同調のメディア――電脳遊戯の現在

西村　清和

一、遊びのメタ・コミュニケーション

情報化社会の進展のなかで、子どもたちの遊びが変化しつつあることは、すでに七〇年代にテレビの普及がもたらした結果として気づかれ、問題視されていた。だが、八〇年代以降のビデオやテレビゲームの普及は、この傾向に一層拍車をかけたように見える。たとえば一九八八年七月八日、東京都目黒区の中学二年生の少年が、両親と祖母を刺殺するという事件がおこったが、これをあつかった新聞のある論評は、少年の手口にテレビゲームの「ドラクエIII」との符合を見ている。その翌年におきた「連続幼女殺害事件」では、犯人の宮崎勤の部屋にうずたかくつみあげられた六千本のビデオのコレクションがテレビに映しだされ、衝撃を与えた。一九九七年の「酒鬼薔薇聖斗」と名乗る中学生による小学生殺害事件、そして一九九九年におこったフライトシミュレーションゲームのマニアによる全日空機ハイジャック事件など、最近の特異な事件は、われわれに事態がますます深刻化しつつあることを実感させた。

子どもたちは、生まれたときから電子メディアに囲まれ、そこに映しだされるアニメやゲームといった二次元のヴァーチャルな世界に熱中している。多くの大人たちは、そんな少年たちのすがたに、自分たちの少年時代の経験とは

異質な、それだけに不気味な情熱を感じとっている。ひょっとしてかれらには、現実と虚構の区別がつかなくなっているのではないか、その結果現実に背をむけて、むしろ虚構の繭のなかに閉じこもる「おたく」と呼ばれる自閉的なスタンスがひろがりつつあるのではないかと、大人たちが考えたとしても、ある意味で無理のないことだろう。

しかし現代の「現実」とは、マス・メディアや電子メディアのネットワークを介して、ヴァーチャル・リアリティやシミュレーションやコピーをもくみこんだかたちで成立しているものである。現実の戦争であるにもかかわらず、ミサイルが正確に照準したターゲットを爆破する、湾岸戦争以後の戦争を伝えるニュース映像は、あたかもシューティングゲームのように見える。だとすれば、子どもたちにかぎらずわれわれはみんな、現実と虚構の境界が日常的にあいまいになりつつある社会に生きているといわざるをえない。

だが、戦争もかつてはゲームとして遊ばれたとするホイジンガの主張[1]にもかかわらず、戦争はどうあってもゲームではない。どれほどミサイルの映像がシューティングゲームに似ていようとも、その映像の背後には、無数の死者が現実に横たわっている。ここで重要なのは、戦争とゲーム、現実と虚構を区別する能力である。

戦争もゲームも、ひととひととのコミュニケーションのひとつのありかたである。これをいま「企て」と「遊び」のふたつに分けてくらべてみよう。仕事をしたり、議論したり、学習したりするふるまいを、そのつどなにかある目的をねらい、その実現にむかっていく行動という意味で、「企て」と呼ぶことにしよう。わたしは、ある目的にねらいを定める。だがわたしのこのまなざしは、つねに他者のまなざし、他者の企ての抵抗にであわずにはいない。それら自他のまなざしは、企ての方向においても利害においてもまっこうから拮抗しあうが、この緊張した「対向」関係のもとで、われわれは相互に調整し妥協し、ときに争う。これが「企て」における人との関係、あるいはコミュニケーションのありかたである。

一方、遊びというふるまいにおける、ひととひととの関係は、これとはまるでことなっている。たとえば「いない・いない・ばあ」というもっとも単純で基本的な遊びで考えてみよう。母親と赤ん坊のまなざしは、それぞれの企てにおいて対向しあうのではなく、おたがいに笑いかけ、笑いでこたえつつ、顔がきえてはあらわれるひとつの動きを追い、これに同調する。それは、いわばまなざしのキャッチボールである。逃亡者は、自分を射すくめる追跡者の容赦のないまなざしをあくまでのがれようと企てるのに対して、鬼ごっこやかくれんぼの子どもたちは、鬼のまなざしからいったん身をかくしながらも、鬼に見つけられつかまえられるのを、物かげで「いまか・いまか」とわくわくしながらまっている。かくれている子どもたちも、これをあばこうとする鬼も、そのまなざしはおたがいに笑いかけあって、同調しているのである。この、遊びに独特の関係とそのあいだに成立する同調の動きは、遊びの基本骨格として、おそらくはより複雑な遊び行動にも、共通して見られるものである。大人たちが遊びでテニスに興じたり、談笑したりするばあいも、おなじ関係が見られるはずである(2)。

企てと遊びとは、人間の日常生活におけるふたつの基本的なありかたであり、ひととひとの関係のとりかたのふたつの基本様式である。われわれは企てにおいて他者に対峙して自己を主張し、自己の欲求を追求する一方で、遊びの同調に身をゆだねて、他者とともにゆるやかに、かろやかに世界につつまれる実感をも、必要とする。遊べないひととは、いつも他者のまなざしにみずからがさらされていると感じ、これに身を固くするよりほかに対応できないひとのことであり、それは精神の病理というべきである。

重要なのは、そのときどきのコミュニケーション状況が、はたして遊びなのかそうでないのかを見わける能力である。この能力のことを、メタ・コミュニケーションと呼ぶ。じっさいわれわれはそのつど、それが企てか遊びかをおたがいに了解しあうある信号をだしながら、おたがいにかかわりあっている。

子どもがいたずらをする。これに対して母親が笑いかけながら、「あらあら」というとき、子どもは、そのふるまいが、ともかくも遊びとして容認されているのを理解する。するどい拒絶のまなざしと、「だめ」という叱責に出会うとき、子どもは、それが重大な過誤であり、逸脱であることを理解する。相手がふざけてなぐりかかると見せかけて本気でなぐるとき、わたしはこれに対して遊びとして応じるべきか、あるいはおこってこちらもなぐりかえすべきか、迷ってしまう。そこに生じるのは、メタ・コミュニケーションの一時的混乱である。

悪意に満ちた仕打ちをしながら、表面は「これは冗談だ、遊びだ」というメッセージを発するのは、いじめのひとつのパターンだが、これもまた遊びのメタ・コミュニケーションの意図的な混乱である。低年齢層の少年たちによる万引きや自転車の乗り逃げや、さいきんでは、新発売のゲームソフトなど高価なものを強奪したり、さらには徒党を組んでのオヤジ狩りやホームレス襲撃などは、それらがもたらす深刻な結果のわりには、当人たちはそのことを意識せず、あくまでも遊びのつもりで非行をするという点で、「遊び型非行」と呼ばれる。じっさいには重大な結果をもたらす逸脱行動であるにもかかわらず、なかまうちで「これは、ほんの遊びだ」というメッセージをうけいれることでどのようなことでも遊びにしてしまうとき、このいわゆる「遊び型非行」は、どこまでなら遊びとして許され、どこからはもはや遊びではないかについての、遊びのメタ・コミュニケーションの不全という病理である。

そのつどの社会関係ないし行動が、企てのコミュニケーションか遊びのコミュニケーションかを見分ける能力は、子どもや少年たちが仲間や大人とのかかわりの中でさぐりながら長い時間をかけて身につけていく、きわめて高度な洗練を必要とする社会技術である。現在問題になっている遊び型非行やいじめ、「おたく」や「引きこもり」といった現象は、マス・メディアや電子メディアにかこまれた情報化社会に発生する、他者とのコミュニケーションにかかわる基本的な能力の不全として、おそらくは現代のすべての子どもたちの、そしてまた大人たちに共通の問題なのである。人間生活にとって、遊びが、企てとならんで不可欠な行動様態である以上、まずは社会システムそのものに遊びの領域を確保し、なにが遊びかについてのメタ・コミュニケーションを社会が共有するべく努力することが必要だろう。

二、テレビゲーム

さて、あらためて、はたしてテレビゲームのプレイヤーがモニター上の仮想現実空間で敵キャラとの格闘や戦闘行動に没入するとき、プレイヤーは虚構の戦闘と現実の戦いとの区別がつかなくなるのか、と問うてみよう。

もしそうだとすれば、従来の小説や映画など伝統的なフィクションにしても、すべて想像の世界あるいはスクリーン上の映像世界という仮想現実空間に没入する経験だということになる。じっさい、近代演劇や小説が市民の娯楽となる十七、十八世紀のヨーロッパでは、それらが絵空事を現実と思いこませるために、女子供には危険であるといわれたりもした。一昔前なら日本でも、自分の下宿にうずたかく本を積み上げてこもっている「文学青年」なども、このような嫌疑をかけられていた。しかしこんにちでは、VTRやテレビゲームは問題とされても、小説が問題にされることはない。じっさい幼児ならともかく、ふつうの子どもや大人にとって、テレビドラマやテレビゲームは、それが「フィクション」であり「ゲーム」であるという了解のもとに経験される。ここには厳密にいって、虚構と現実の境界侵犯はないといわなければならない。

またマスコミはしばしば、ゲームのなかでモンスターを殺し、あるいは死んでもすぐまた生きかえるから、ゲームのプレイヤーは死ぬということ、殺すということの重い意味を理解しなくなるという。だがそれは、あまりに短絡した主張である。死や殺しは小説や芝居、そしてチャンバラごっこにもたくさんでてくる。こんにち「死」の意味が希薄になっているとしても、それはテレビゲームのせいではなく、身近にひとの死を経験することがなくなった、われわれの時代全体の問題というべきである。

とはいえ、子どもたちがVTRやゲームに熱中する様子は、従来の遊びの光景とはことなり、すこし異様にも見える。たしかにテレビゲームをはじめとする電子メディアの遊びには、他者関係という点であたらしい問題がひそんでいる。

テレビゲームはふつう、ひとりあるいは二人でやる。順番待ちのあいだ、他の子はモニターを見つめているが、なかには横でマンガを読んでいたりする。また二人用でゲームをするばあいでも、おたがいは横並びにモニターの方を向いている。おなじことは、ゲームセンターにくる大人たちにもいえる。対戦ゲームは、自分のモニターの反対側に対戦相手がいるが、相手は自分が見ているモニターの背後に隠れており、いずれにせよかれらは、おたがいが面とむきあうのではなく、モニター上のキャラを介して間接的にむきあうにすぎない。そこに成立するのは、身体と身体が向き合う対面状況ではなく、電子メディアを介してのモニター上のキャラとキャラとの関係であり、それはコンピュータを相手の一人用のプレイの関係と基本的には変わらない。ひとりがゲームをしているところに多くのひとが群がってこれを見つめているばあいでも、かれらはやはりモニターだけを見つめていて、おたがいに向きあうことはない。

テレビゲームが設定するルールにしたがい、コントローラーを操作するかぎり、ひとはだれとでも、見知らぬ相手とも遊べる。それが基本的には、テレビモニターを相手の遊びであるなら、面とむきあった相手とのあいだで交わされる遊びのメタ・コミュニケーションの微妙な調整など、不要である。自分の一存で、やりたいときにはじめられるし、やめたければいつでもやめられる。メタ・コミュニケーションの不全という点で他人とうまくつきあえない子が自室に引きこもり、テレビゲームに熱中するということはたしかにあるのだろう。

だれとでも遊べる「友達づくり」のツールは、同時にまた、友達を必要としないでひとりでも遊べるツールでもある。以前に、「おたく」という言葉がはやった。それはコミックやVTRの一部のマニアをさすことばである。それが意味するのは、「あなた」ほど疎遠でもなく、また「きみ」や「○○くん」ほど親しくもなく、その中間で、相手とつかず離れずの距離をたもとうとする人称としての「おたく」という呼びかけに象徴されるような他者関係である。そしてたしかに、テレビゲームのモニター上で発生する遊びには、そのような他者関係が見てとれる。それは、それ以上他者と個人的な関係にはいらない、あるいはむしろはいれないが、ともあれ同好のマニアとして、共通の行動様式、共通のルール、つまりあらかじめ定められた他者関係のフォーマットにしたがうことで、微妙なメタ・コミュニケーションの調節を必要とせずに、つかず離れずの遊びの同調関係を維持する、といったスタンスである。そして現在これは、とくに「おたく」と呼ばれるような一部のマニアに限った問題でもなく、またテレビゲームに限った問題でもない。

三、「趣向」の時代

小説や映画やテレビドラマも、テレビゲームも、なるほど虚構に夢中になる経験ではあるが、だからといってそれがただちに現実との境界侵犯を意味するわけではない。一方でテレビゲームは、小説や演劇、映画といったフィクションの「物語」とはちがって、あくまでもゲームであり、それぞれの虚構経験の実質はことなる。ところが最近は、すこし状況が変わってきた。ちょっと前に、『マトリックス』という映画がヒットした。ひとはものとしての身体とこれを統御する心や精神からなるとする近代の人間観に対して、現代の電脳社会にあっては、ものとしての身体に対置されるのは、もはや心などではなく、基本的には大容量のコンピュータである脳とその内部に飛び交う電子パルスの情報である。〈わたし〉とは、精神や自我主体といった確固とした個のアイデンティティではなく、脳の中に保存されたた〈わたし〉というファイルのデータとしての記憶の総体だとすれば、わたしが生き、現実だと信じて疑わないこの世界も、だれかの手によってプログラムされ操作されたモニター上のヴァーチャル・リアリティにすぎないということも、理論上はありうる。『トータルリコール』『ダーク・シティ』『トゥルーマン・ショー』といった、現実と虚構の境界が溶解していくところに成立するＳＦ映画が近年流行しているのも、こうした設定がわれわれの電脳社会における人間観の変容に応じているために、われわれにとってたんに荒唐無稽といってすまされない、ある種のリアリティをもっているからだろう。「マトリックス」のあたらしさは、身体と脳コンピュータ内の電子情報、つまり意識とが完全に分離されたうえで、わたしの意識が電話回線をつうじて、モニター上の『マトリックス』と呼ばれるヴァーチャル・リアリティと、モニターの前にものとして存在するリアルな身体のあいだを行き来する状況をみごとに視覚化しえた点にある。

すぐ気づくように、そしてこの映画の監督自身が示唆するように、この映画のアイディアの多くは、「攻殻機動隊」のようなコミックやアニメ、そしてテレビゲームに由来する。じっさいにこの映画のシーンの大部分は、「ストリート・ファイター」のような格闘ゲームやシューティングゲームのCGを想定してつくられており、これがこの映画の特撮の重要な見所となっている。進化したコンピュータによる人間の意識の支配と、これに抵抗する少数の覚醒した人間どうしの信頼と愛という、テーマとしては陳腐で単純なストーリーの枠組みのなかに、いかにその場その場の趣向を凝らして見せるかが、この映画の生命である。つぎに見るように、まさにそれゆえに、この映画は本質的にテレビゲーム的なのである。

テレビゲームが伝統的なゲームとちがって「テレビ」ゲームであるのは、高度なグラフィックと音によって描かれる、そのストーリー性のもつ魅力にある。RPGはいうにおよばず、「スーパーマリオ」のようなアクションゲームでも、大ガメクッパ一族に侵略されたキノコ王国と、そのお姫様ピーチ姫をマリオが救いだすという物語の枠組みをもっている。だからといって、テレビゲームの「ゲーム」としての快楽は、伝統的な小説や映画のようなフィクションの「物語」の快楽とおなじであるわけではない。

たしかにプレイヤーは、キャラの役割をひきうける。だがこのキャラは、かならずしも物語のなかで一定の人格や個性をもったキャラクターである必要はない。「ファイナルファンタジー」をすこしプレイしてみるとすぐ感じることだが、勇者に自分の名前をつけ主人公になったつもりでも、このキャラはただのとおりすがりの旅人にすぎず、物語のキャラクターとしてはほとんど空白である。また「プレイヤー＝勇者」は、村の住民たちに話しかけて情報をあつめ、これをヒントに謎を解き、つぎの行動を定めるということもする。だが謎解きはここではせいぜい、閉じられたドアの鍵を探しだすことによってあらたな通路を発見するといった部分にかぎられており、たしかにこれらの謎を解かないとつぎの場面にいけないということはあっても、推理小説のばあいのように、謎解きが一貫したストーリー全体にかかわるということはない。戦闘や謎解きのゲームによってプレイヤーがストーリー展開に果たす役割は、せいぜい物語の進行役として、「紙芝居のめくり手」以上ではない。これに対して、キャラがマップ上を移動するたびにはじまる大小さまざまな戦闘こそゲームの生命である。それゆえ、物語という枠の設定とCGによる個々の場面の精緻な描写は、そこでくりひろげられる戦闘ゲームに迫真性をあたえ、それをよりスリリングなものにするために捧げられている。こうしたテレビゲーム制作の戦略は、全体をひとつのまとまったストーリーとして展開しようとするシナリオの大枠、つまり業界でいう「世界観」を設定したうえで、その内部に、どんなモンスターとどんな状況で戦うかといった戦闘場面の目新しい「趣向」を工夫していくというやり方にある。そしてそれは意外にも、ある点でわが国の伝統演劇である歌舞伎のドラマトゥルギーにつうじている。

西洋近代演劇において場面から場面、できごとからできごとへとつないでいくのは、キャラクターとしての個の意志、あるいは個を凌駕する宿命の摂理である。一個の劇は、一貫した劇的論理によって完結した作品世界を示す。だが歌舞伎においては、たとえば忠臣蔵の「世界」の枠の中に、それぞれ比較的独立した責め場や縁切り場、愁嘆場や殺し場といったパターン化した見せ場が並べられ、そのなかでいかに目先のかわる「趣向」をもりこんでいくかが眼目となる。もっともここに生じるのはなお、舞台に用意されるその場その場の趣向を介して面と向きあう役者と観客のあいだの、古典的な遊びの呼吸である。それは、観客が目あてのものをまちかまえ、役者がこれに当て込んで期待どおりのものを見せ、あるいは目先をかえてはぐらかし、予想外の目あたらしさで大当たりをとるといった、おしたりひいたりする遊戯的関係である。(3)

われわれの時代でも、連載マンガや連続テレビドラマのように、ひとつの物語の大枠のもとで、しかし毎回読み切り的な趣向を凝らして読者や視聴者の興味をつなぎ止める工夫が必要なフィクションには、趣向の遊戯性のストラテジーが要請されるだろう。そして逆にゲームの方は、毎回のゲームの趣向のために、物語の大枠を必要とするのである。だが、映像メディアや電子メディアをつうじて大量に物語が消費される現代にあって、物語とゲームとの境界はますますあいまいになると同時に、趣向を介して成立する遊びも、メディア上でフォーマット化された関係へと統御されていく。『マトリックス』のような映画が登場するのも、おそらくはこのような状況においてである。現代の消費社会はなによりも、メディアの「趣向」の時代なのである。

だがそうだとすれば、これによってフィクションの物語の世界全体を見とおす一個の全体的な精神としての読者や観客は、ゲーム世界のそのつど一場の戦闘や謎解きの趣向に関与し、その一瞬一瞬を楽しむプレイヤーへと変質しつつあるのかもしれず、こうしてフィクションにかかわる現実の〈わたし〉もまた、なにがしか変質を余儀なくされつつあるのかもしれない。

四、メディアの中の〈わたし〉さがし――プリクラ

フィクションの物語における趣味の変容は、おそらくはまた、これも近代に確立する〈わたし〉という物語の変容と連動している。近代劇の一貫性を支えたのは、登場人物の個性と人格のアイデンティティであったように、わたしの人生もまた、〈わたし〉という個的人格のアイデンティティとその自己実現の物語でなければならない。だが、こんにちのゆたかな消費社会のなかで、ひとは自分がなにをしたいのか、なにになりたいのかといったはっきりとしたイメージを以前ほどもてなくなっている。

こんにちのゆたかな大衆消費社会においては、欲望は飽和している。欲望とは、欠落の意識である。欠落は充足を欲求し、可能な未来への目標を明確にする。社会が貧しかったとき、高度経済成長期、ひとはこの欠落の意識をバネに、自分のほしいもの、自分のなりたいものによって、ほんらいあるべき〈わたし〉の物語、進歩と努力の物語を語ろうとした。思春期はそのような欠落感をバネにした、あるべきほんとうの〈わたし〉を探し求める強烈な意識によって支えられていた。七〇年代までの青春ドラマに見られたのは、そのような顔である。

だが欲望が飽和したこんにち、青春ドラマは茶番となる。かつての青春ドラマでは、貧しさのなかで、みんなが共通の目標にむかってラグビーのボールを蹴り、おなじ歌を歌った。こんにちのゆたかな消費社会にあっては、趣味は細分化し、そこに無数の小集団が自然発生し、また多様なCDがそれぞれ百万枚単位で同時に売れるといった現象が日常的になっている。共通の目標や一元的な価値観が意味をなくすとき、目標や価値の担い手である自己についてのイメージも、はっきりとした輪郭をなくしていくだろう。〈わたし〉は未来への大きな展望のもとにある人生の物語の主人公ではなく、いまをそれなりに楽しむ〈わたし〉のちいさな物語の断片として生きられる。

それゆえわれわれの時代にあっては、人格（キャラクター）とストーリーの一貫性よりは、断片の趣向の快楽が求められる一方で、極小の断片となった〈わたし〉の、たとえちいさくともひとつの物語と、これらの〈わたし〉相互のあらたな関係、つながりへの欲求も切実になる。

一時若者たち、とくに女子高生のあいだでは、特別な日でなくても、使い捨てカメラをいつももっていて、日常的に写真を撮りあうことが流行した。彼女たちはさらに、写真に名前やコメントを書きこんだりして、楽しんでいるようだ。これに似たふるまいとして、プリクラと呼ばれる写真シールがある。小さなボックスに入り、その場で撮影してシールにできるものである。彼女たちはこのシールをシール帳やケータイ電話のような自分の持ち物に貼りつける。最近は文字や飾りやキャラクターを加える、あるいはそこに吹き出しでせりふを入れたりする、そういうものもある。

一枚のシールに十数枚プリントされたちいさなカラー写真は、マンガのコマのように見える。また大量の見知らぬひとのプリクラを交換し、収集し、シール帳に貼って、それをおたがいに見せあい自慢するのである。彼女たちはプリクラを名刺や自分たちの持ち物にとどまらず、街のあちこちに貼りつける。ちょうど伝言板や落書きのように、その場に自分の顔の痕跡を残していくのである。それにしても、毎日学校で顔を合わせる友達どうしが、とくべつな理由もなく写真を撮りあうのはどうしてだろうか。

そもそもカメラとは、いわばそれ自体区切りなく流れさる日常のできごとを「物語化する装置」である[4]。入学や卒業の記念写真、旅行のスナップ写真などはみな、そこにいたる人生や旅行の経過にひとまず区切りの句点を打ち、結末をつけるふるまいである。こうして枠取られたひとまとまりのできごととは、「物語」である。そのような写真を見るとき、人はこのときどうだったか、ここにいたるまでどれほど大変だったかというように、ひとつの物語を語ろうとする。使い捨てカメラやプリクラに熱中する女子高生たちをつき動かしているのも、ひょっとして、できごとを物語化する装置としてのカメラの、この力なのかもしれない。

今日でも見られるお見合い写真のような、伝統的な肖像写真は、自分というもの、自分のひとととなりの全体像を提示しようとするものである。肖像写真を撮ることは、自分の人生のトータルな物語を語ろうとするふるまいといえる。これに対してプリクラの写真シールでは、できあいの枠のなかに自分をはめこむことでひとつのキャラクターをまとい、あるいはこれに吹き出しを書き入れることで、〈わたし〉はマンガの物語のひとコマの人物となる。それは、もはやかつての記念写真や肖像写真のようにはっきりとした全体像をむすばない〈わたし〉というものに、たとえとりとめのない断片ではあっても、そのつどひとつの顔をあたえようとするふるまいではないか。それは自分の顔を使い、これを引用して、自分とはべつの物語をつくりだす遊びであり、自分の人生のパロディである。

プリクラは街のあちこちに貼られ、見知らぬひととさえ交換され、シールブックに収集される。このようにプリクラは、従来の写真とはちがって、流通するメディアとして意味があり、そこでの顔の流通、交換という応答の行為が遊ばれる。そこには、それぞれはちいさくて見分けもつかないたくさんの顔がひとつのメディアを形成し、〈わたし〉

の顔もまたこのメディアに乗って流通しているという感覚、わたしがたくさんの顔を見ているように、〈わたし〉の顔もまた無数のひとに見られているという感覚があるだろう。メディアに自分の顔が「乗っている」こと自体がおもしろい。この「メディア・ごっこ」の遊びのなかでひとは、マス・メディアに流通する有名人たちのように、自分もまたこの極私のメディアに流通し他とつながることによってひとつの顔として認知され、こうして仮りそめの〈わたし〉の物語を語れるような気がするのかもしれない。このいわば「アイドルごっこ」もまた、現代におけるあたらしい自己表現なのだろう。

最近のテレビゲームには、こうした「アイドルごっこ」の要素をもったものもでてきた。道路に面したところにカラオケゲームが設置されており、だれかがカラオケゲームで歌っている様子を、道行く人が見に集まるというものである。これらは、見知らぬ多くのひとに自分が見られていることをも意識し、一瞬でもアイドル気分が味わえるという点に、その人気の一端もあるようだ。だがこのパフォーマンスを見ている観客にしても、当のダンスをし歌を歌うものの背後から、じっさいにはモニターのほうを見ているのであって、パフォーマーと観客とは、おたがいにむきあってはいない。ここにあるのは、すでに見たような、テレビゲームのプレイヤーと、これをまわりで見ている子どもたちの関係であり、あるいはモニターを介してのみむきあい、それゆえモニター上でむきあう対戦型戦闘ゲームのプレイヤー同士の関係と同型の関係である。

さらに、その場でちょっとしたアイドル気分を味わえる遊びをこえて、オーディション付きのカラオケゲームというものもある。この機械では、自分の歌声をその場でCDにすることができ、そのままそのCDをオーディションに応募できる仕組みになっている。プリクラでも、まるで自分がモデルになったような気分でさまざまな角度から写真が撮れ、しかも将来のアイドルへの「オーディション付き」というものもでている。ここで「オーディション」は、ゲームや遊びがそのままタレントの世界につながっているという、だれもかならずしも信じてはいないが、しかし日常的にテレビや雑誌の映像メディアにかこまれて生活するものとして、たしかにある種のリアリティをもった感覚を強化している。自分の日常生活とタレントたちの世界とが、どこかで地続きだというこんにちのこの疑似感覚は、おそらくかつてのスクリーン上のスターたちに対するファンたちの距離感とは異質だろう。

かつてのスターは、スクリーンのむこうがわからこちらを見つめ語りかける文字どおりの偶像（アイドル）として、憧れと崇拝の対象であり、ファンは、たとえ擬似的ではあってもこの際だった他者と距離をおいて面とむきあった。ここにはなお頽落したとはいえ、偶像への同一化が可能である。スターのファッションから化粧法、趣味にいたるまで、これらをまねることは、みずからの理想像に、アイドルの一部を身にまとうことによって接近し、これを神秘的に生きようとする、シンボリックな交感呪術のミミクリーである。そこには頽落したとはいえ、なおある種の超越性への距離のパトスと自己実現への希求がある。

だが、現代の若者たちにとってアイドルは、所有可能で操作可能な等身大の「カワイイ」存在、それゆえいつでもとりかえ可能な商品であり、まだ見ぬ〈わたし〉の分身である。それは、ちょうど広告が、商品を買うことで発見できる「ほんとうの〈あなた〉＝〈わたし〉」として提示するモデルのように、それ自体として輪郭の定まらない〈わたし〉に、とりあえずいまひとつのかたちをあたえる鋳型となる。ガングロ、茶髪の「アムラー」にとって安室奈美恵は、あるべき自分の理想像として、自分が同一化すべきモデルなのではなく、あくまでもいまの一瞬自分のうちにとりこみ身にまとうべきひとつの鋳型にすぎない。このアイドルの自己へのとりこみは、超越性をのりこえようとする呪術的ミミクリーではなく、まるで流行のファッションをそのつどとりかえて、「これもわたし、あれもわたし」というように、商品としてのアイドルを所有し、これと同調することでそのつどの〈わたし〉のイメージと物語を楽しもうとする同調のミミクリーである。アイドルは銀幕やブラウン管のかなたからこちらを見る偶像ではなく、ファンがそれに同調するメディアそのものであり、みんながそこに〈わたし〉を見いだすトーテムである。アイドルを共通の〈わたし〉の鋳型として同調する現代のトーテム集団にあるのは、ことなった情報の交換ではなく、システムがおしつける行動パターンの擬態をつうじて同一の情報を共有しあい、これによってようやく自己の同一性を確認するふるまいである。それは、あるべき〈わたし〉の自己実現の企てではなく、そのつど断片的な〈わたし〉が身にまとう一種のコスプレであり、アイドルごっこである。

五、電子メディアの他者関係――匿名のメッセージ

こうした電子メディア社会における自己表現の変化は、他者関係の変化をもたらさずにはおかないだろう。電子メディアのコミュニケーションとして古典的なのは、電話である。電話は発明以来ながいあいだ、すでに知り合った個人と個人をつなぐ対話の代用ツールだった。おそらくそれはなお、活字や手紙など、個人と個人をつなぐ近代のテクスト・メディアの発展形と考えられていたのだろう。

近代以前の口承文化にあっては、発話主体は個人というよりはかれらが帰属する集団であり、あるいはその集団を全体として統率するひとつの中心、たとえば神や王であった。聖書や神話が文字に記されたとしても、それはあくまで神が語った原初のことばの記録としてのみ意味がある。これらのことばはくりかえし復唱され伝承されることで、共同体の構成員に聴取され共有される。ことばの復唱と聴取によるコミュニケーションとは、そのつど原初の発話の一極的中心へと、いわば神話的な「永遠のいま」へと還帰することである。それゆえこうした共同体においては、そこで発せられることばも、オングがいうように、共同体の思考がかたちづくる常套句で織りあげられていた。

だが活字メディアの発明によって「書くことを内面化した人は、書くときだけではなく話すときも、文字を書くように（literately）話す。つまり、かれらは、程度のちがいはあれ、書くことができなければけっして知らなかったような思考やことばの型にしたがって、口頭の表現までも組織しているのである」[5]。おなじことは、中世後期からルネサンスの記譜法の発明以後の西洋音楽の展開にも見られる。それ以前の口頭伝承に依存した単旋律の音楽に代わって、複

雑な対位法的音楽が主流になるのも、「書くこと」によってはじめて可能となる。近代の小説にしても、書かれたテクストのうえで細部から全体構造にわたって入念な推敲を重ねることでひとつのまとまった「作品」を仕上げることが可能となる。

ここで発話者は、もはや共同体の中心から発する声の代弁者ではなく、「文字で書くように話す」個々人である。近代において書かれたテクストとしての「作品」は、じっさいには現前しないにせよ、その背後にひかえている発話者としての個人の内面、精神、思想の「自己表現」として、対話のメディアと考えられた。口承文化にあって、伝説や説話の作者を問うことはなかった。だが近代は、テクストや作品の発話主体として作者、作家を誕生させたのである。それゆえ、たとえ四百年前に書かれたシェイクスピアの作品でも、現在わたしがこれを読むとき、あたかも手紙がそうであるように、わたしは目の前のテクストのむこうに控えるシェイクスピアと対面し、その肉声と対話している。「文字で書くように話す」とは、眼前のテクストを場として、読者個人の〈いま・ここ〉と作者個人の〈いま・ここ〉というふたつの極が出会い、対話の応答に立つことを意味する。対話とは時代や民族、時間や空間をこえる共時性において、普遍的合意をめざす身構えである。ひとがしばしば、「われらが同時代人、シェイクスピア」といったりするのも、こういうわけだからである。

電話があらたなメディアとして登場したとき、ひとがなおこれを「文字を書くように話す」道具と考えたのも無理はない。私の子供のころは、電話では用件を手短に伝えるようにと教えられた。だが、相手の身振りや表情が見えない電話は、そもそも対話にはむいていない。商用の電話でも、たいていは用件を相手につたえることで終わり、それ以上のこまかい相談や議論はじっさいに会っておこなう。

電話が対話の代用として使われるかぎり、表情や身ぶりをともなわないその声はむしろよそよそしく、緊張をしいる。だが、とおくはなれた恋人や友人どおしがただ相手とつながっていたいと望むとき、電話の声は、発話主体としての個人から遊離して耳元でひびきまとわりつく親密な声そのものとして現象してくる。長電話をしているとき「自分が声だけになっている」と感じたり、「自分の所在がわからなくなるような不可思議な錯覚におちいることがある」というひとがいるのも、このような経験を証している。

おなじ電子メディアでも、電子メールやパソコン通信のチャットは、声ではなく文字によるコミュニケーションである。チャットでは、見知らぬ相手と、実名ではなく「ハンドル名」と呼ばれるニックネームをつかって、リアルタイムで複数の人たちと自由に会話ができる。チャット独特の言い回しや、絵文字で会話は進む。そのあいだも、いろいろなひとがチャット・ルームに入室したり退室したりする。たしかにそれは手紙のように、書きことばによって発せられる対話ツールとしてももちいられる。しかしパソコン通信の「フォーラム」やインターネットの「掲示板」などに書きこまれ蓄積されていく大量のことばは、最終的に合意をめざすことも、一貫した発話のテクストとしての「作品」へと結実することもない。こうした情報は「編集」されることはあっても、そこに特定の発話主体が姿を表すことはない。メーリング・リスト上の発言にしても、おたがいがなにを考えているかを知るのには役立つにしても、じっさいに合意をめざすことはきわめて困難であり、たいていはいいっぱなしや非難の応酬に終わる。

そのうえここには、電話において「書くように話す」個人のことばから声だけが遊離したように、個人によって書かれたことばから文字だけが遊離し、メディア上で文字と文字とが、あたかもただひびきあう声のように同調しあうといった事態が出現する。ここではひとは、いわば「声を発するように文字を書く」のであり、声も文字も、それがになうべき内面の意味からも、その背後に現前する発話主体からも遊離して、もっぱら「字面」「声面」としてのみ、メディア上に浮遊し、同調する。それはテクストや声の背後に、明確な発信者、著者や作家という個人が現前した近代のコミュニケーションとはちがって、「作者の死」(バルト)や、発信人も宛先も不明の自律的エクリチュール(デリダ)に代表されるポストモダンの時代に派生した、あたらしいコミュニケーションの現象といえるだろうか。

個人から遊離した文字が記すのは、たいていの場合身辺雑記のようなとりとめのない極私のことがらである。最近ではインターネット上で個人の日記をリンクさせたサイトまである。あるサイトには、三万人以上のひとが、日記を登録し公開している。ジャンル別にリストがあって、読みたいものをクリックするようになっている。これらの日記に対して、読むひとがメールを送信して感想を伝えることもできる。また、多くのひとが勝手に書きこんで、みんなでひとつの日記をつくる「オープン・ダイアリー」と呼ばれるタイプのものもある。ここに記されるのはおおむね、「一月一日　今日はお昼ぐらいにおきて、昼風呂に入りました」とか、「今日はラーメン食べました」といったたぐいの、ひとり住まいをしているものがときどき無意識にふともらすたぐいの、現時点での自分の生活状況についての私的感想として、相手との対話を求めるようなものではない。だがこれも近代の発明である日記が、自己の内面にむけての自省の対話であったのとくらべてみれば、ここに生じているのは対話における承認や同意ではなく、おたがいが声や文字によって同調しあうことで「つながっている」ことを確認しあい応答しあうチューニングの遊びであり、そこでやりとりされるのは、複数の相手に呼びかけるあいさつ、つまりつながりを確認するためのメッセージである。おたがいハンドル名でしか知らないものどうしだからこそ、微細に分化した趣味や関心にしたがって、自殺の方法や毒の入手まで相談しあう極私の疑似共同体が自然発生する。

以前も、雑誌などには、文通や友人をもとめるページは存在した。だが雑誌という活字メディアそのものは、ただその出会いを媒介するだけで、じっさいのコミュニケーションは、たとえば手紙を介して、まだ会ったこともなく、永遠に会わないかも知れないにせよ、手紙の宛先の見知らぬ土地のどこかにまちがいなく生きている個人の間のダイアローグとして成り立っていた。それに対してメールやチャットは、もっぱら電子メディア上で発生し、発信者も受信者も、現実の個人から遊離して、たんにハンドル名で呼ばれるメディア上の存在でしかない。個人はメディア上では、変えがたい現実の重みを脱して、さまざまな名前で呼ばれる多重人格へと自己を解体し、そのつどこれを楽しむことが可能となる。ここにも、〈わたし〉の断片化という事態を認めることができるだろう。

発話者の〈いま・ここ〉から遊離してメディアにひびく声にみずから呼応し同調するとき、世界の遠近法の中心に立つ近代的な自己の意識も、それゆえ自分の〈いま・ここ〉の所在識も希薄になっていくだろう。そのとき距離をおいてつながるふたつの受話器の端末は、往還する声の同期のうちで、ひとつにかさなりあうだろう。ポスターが、電子メディアのコミュニケーションは対話的ではなくモノローグ的であり、そこでは「自己は脱中心化され、散乱し、連続的な不確実性のなかで多数化されていく(6)」というのも、このような事態である。電子メディアとしての電話があらたに拓いた声のやりとりは、自己の〈いま・ここ〉と他者の〈いま・ここ〉が、ことばとテクストの共時性において合意をめざす対話ではなく、おたがいが声の同時性において呼応しあうことで「つながっている」ことを確認しあう、チューニング(同調)であり、モノローグである。それは、個人の固有名から遊離して自己を端末化しメディア化する、無数の匿名のものたちのあいだの、メッセージそのものの応答と同調を、あるいはそのようにだれかとつながっていることを楽しむ、メディアの遊びなのである。

メディア自体は時空間をこえて「いつでも・どこでも・だれにでも」遍在している。それは個人がケータイやインターネットでアクセスするだけで、ただちに個人から遊離した声や文字が同調しあうサイバー・スペースである。そこに生じるのは、無数の匿名のものたちのあいだの同調の遊びである。電子メディアとは、それ自体、遊びを発生させやすい同調のメディアである。

六、孤独の作法

テレビゲームやプリクラにせよ、ケータイやメール、ホームページにせよ、これら現代の「友達づくり」のツールは、それぞれ遊びや友達関係のフォーマットを用意しており、そのメディアに乗りさえすれば、いつでもだれとでもつながりができるようになっている。この「友達づくり」のツールは、見も知らぬ他人と面とむきあって、まずは手探りでコミュニケーションをとろうとする、熟練を必要とする面倒な社会的技術をことさら必要としない。ケータイの番号を教えあうことが、友達になる唯一の条件となる。ケータイをもっている高校生たちに友達のかずをきくと、百人、二百人という答えがかえってくるという事実もまた、電子メディアを介した現代の若者たちのコミュニケーションのありかたを雄弁に物語っている。だがそれは、ケータイをもたないものは友達のサークルにはいれないということでもある。また対面的・身体的な他者関係とはちがい、フォーマットにしたがってかんたんに友達になることができるからこそ、いやになればこれをすぐに解消することもできる。ここに、何等かの理由で他者とのメタ・コミュニケーションに問題をかかえている若者たちにとって、これら電子メディアとそこに発生する遊びが、ある種の慰めや救済になるという理由もある。だが、それが現代の若者に特有の他者関係だとすれば、ここでもまた、「オタク」的なふるまいは一部のマニアにかぎった問題ではないことがわかる。

マスメディアに流通する無数の顔のなかに自分もまた拡散してしまう状況において、だからこそ極私のメディアのなかに自分の顔を流通させようとするプリクラのような遊びがある。その一方で、肖像写真と見分けのつかなくなった顔写真に象徴されるように、監視の視線が日常生活のすみずみまで浸透している現代だからこそひとは、電子メディアが拓いた仮想空間における、顔をもたない遊び関係のなかでようやく、監視から解放された〈わたし〉をとりもどそうとするのかもしれない。そのようなメディアの戯れは、確固とした「自己＝個人」の多様な可能性の探求、つまりモダンの〈わたし〉探しとはちがうし、笑顔に笑顔で応答するメタ・メッセージにおいて成立する伝統的な遊びの存在様態というのでもない。それは、メディア環境のなかで個人から遊離した一種の「主体のゼロ度」(7)の擬態の遊び、いわば「方法としての多重人格」として、ポストモダンの〈わたし〉探しにつらなるふるまいなのだろうか。

あたらしいコミュニケーションの手段としての電子メディアのなかに、あたらしい遊びが発生しつつあること、そのこと自体は自然のなりゆきというべきだろう。それゆえこれをもっぱら病理とし、そこからの治癒をかつての原っぱでの仲間たちとの遊びに求めても、それは時代の変化を無視した、のぞみのない処方だといわざるをえない。しかし、あたらしい状況が生みだすあたらしい問題もたしかにある。

電子メディア上を水平につながるフォーマット化された表層の同調関係には、その根底に、つながっていないことへの不安が、「孤立」への強迫がひそんでいるように思われる。「いじめ」という現象にあるのは、そのような同調からの排除と、結果としての孤立に対する強迫ではないか。孤立からの強迫につき動かされて、同調のメディアにふけるとき、友達関係のフォーマット化によって、若者たちはますます微妙なメタ・コミュニケーションを身につけるのが面倒になり、困難になりはしないか。遊びのメタ・コミュニケーションが揺らぐとき、ひとは現実との境界を踏みまどうことがないだろうか。遍在するメディアの中を浮遊し拡散する無数の声と文字の断片に自分を託すとき、はたしてひとはもういちどこれらの声と文字に託されたそのつどの〈わたし〉の断片を、「方法としての多重人格」を、全体的な個としての自己の〈いま・ここ〉へと統合することに成功するのだろうか。

孤独は、孤立とはちがう。孤独とは、自分というものを、けっしてフォーマット化されない世界の奥行きにむかって手探りで他者を求めるものとして自覚する身構えである。孤独に耐えることは、自分と他者との原理的な異質性、自分にとっての他者の超越性に耐えることである。だれとでもつながる時代だからこそ、現代にはより強く、孤独の作法がもとめられている。

註

本論は、拙著『電脳遊戯の少年少女たち』（講談社、一九九九年）をもとに、あらたにまとめたものである。

（1）ホイジンガ『ホモ・ルーデンス』里見元一郎訳、河出書房新社、一九七一年、第五章参照。
（2）拙著『遊びの現象学』勁草書房、一九八九年、参照。
（3）拙著『フィクションの美学』勁草書房、一九九三年、第六章参照。
（4）拙著『視線の物語・写真の哲学』講談社、一九九七年、参照。
（5）W・J・オング『声の文化と文字の文化』桜井直文他訳、藤原書店、一九九一年、一二三頁。
（6）マーク・ポスター『情報様式論』室井尚・吉岡洋訳、岩波書店、一九九一年、一一頁。
（7）同書、二二四頁。

情報機器と臨床心理学——インフォメーションからイマジネーションへ

名取琢自

去る二〇〇一年七月二十九日に開催された甲南大学学術フロンティアシンポジウムでは、情報機器について臨床心理学の視点から語るように求められた。ここでいう情報機器とは、電子回路によって映像や音声などの情報を送受信、保存、加工する機械全般、すなわち、テレビ、ラジオ、ファックス、デジタルカメラ等を総称している。シンポジウムではコーディネーターの斧谷先生をはじめとして、各界で活躍している先生方から新鮮な切り口で話題提供がなされた。筆者は近年めざましく個人に普及した、携帯電話とパーソナル・コンピュータ（以下パソコンと略記する）に焦点をあてて考察し、パソコンに関しては、元型的心理学の視点から、「永遠の少年」元型との関連を指摘した。また、今後の展望として、情報機器のもたらす「インフォメーション」をいかにして「イマジネーション」へと結びつけていくかが課題であると提言した。会の後、フロアに参加しておられた加藤清先生から、「臨床心理学者としては、リアリティの変容についてもう少しはっきり述べる必要があったのではないか」と貴重なご示唆をいただいた。そこで、本稿では、シンポジウムでの論点の概略を紹介した後、インフォメーションとイマジネーションの関係、そして情報機器がどのような「リアリティの変容」をもたらそうとしているのか、より詳しく論じてみたい。

一、コンピュータと「永遠の少年」

筆者はパソコンとの長年のつきあいのなかから、パソコンが道具として非常にアンバランスな存在であり、ユーザーが振り回され、疲労させられている事実を痛感してきた。その背後に隠れている根本的構造について思案するうち、フォン・フランツのいう「永遠の少年」の記載が、パソコンそのものにとてもよくあてはまる点に気づき、これを小論にまとめた。(1)

フォン・フランツの指摘によれば、「永遠の少年」元型の特徴は次のようになる。(2)

・ふつうよりも長く思春期の心理にとどまる。
・母親への強すぎる依存が見られることが少なくない。
・母親コンプレクスの典型的な障害は、ホモ・セクシュアリティとドン・ファン的性格のふたつである。

こうした態度は、「仮の人生」というノイローゼ症状に通じている。「自分はまだ本来の人生を生きていない」、いま生きているのは、「まだ本当に望ましいものではない」という態度をもっているため、「いまある瞬間とのかかわりが、絶えず内的に拒否されることになる」。しばしばこれと並行して「救世主コンプレクス」もみられる。いつの日か自分が世界を救うであろうという密かな思いを抱くのである。そして、「自分の時が『まだ来ていない』という考え方」のなかに、誇大妄想のきざしもうかがわれる。

このタイプの男性は、なにかに束縛されることをひたすら恐れていて、これ以外に選択肢はないという状態を地獄のように感じる。フォン・フランツは、重い荷物を嫌うあまり、薄着で食事もほとんどとらずに登山する若者の例を紹介し、「実際、彼が頑として拒むのは、何かに対して責任をとること、現実の重さをになうことなのだ」と説いている。そのほか、ある種の精神性があって、眠そうな外見の者もいるが、その内面では、空想の生活が生き生きと育まれているともいう。

とはいっても、「永遠の少年」元型をすべて母親元型との関係だけで意味づけることには異論もある。(3) 傷を負ってさまよい歩く少年ないし青年神の旅路は、すべてが母親のもとに帰還するためではなく、自分の家、故郷を探し求める旅という面もある。

シンポジウムではこの考え方に基づいて、パソコンが潜在的に及ぼしうる影響について論じた。筆者なりにパソコンと「永遠の少年」元型との類似性を簡単にまとめると、次のようになる。

・何者にもならない――特定の機能を持たず、ソフトウェア次第で何でもできる。
・常に上昇、下降を繰り返す――新製品の価値の急速な低下、システムの立ち上げと突然のダウン。
・グレート・マザーに捕われている――マザーとなるリソース（ネットワーク、プロバイダ）への依存。
・実感から遠い――抽象的な情報操作、ユーザーとの仮想的な関係。
・永遠の若さを求め続ける――新しいことに価値がある、常にリフレッシュを求める。

このような「永遠の少年」性が強いと、それに関わる人は、それに対して強い魅力を感じつつも、その気ままな行動に振り回されて消耗してしまうことになる。

「少年」ないし「プエル」の元型の対極には、「老人」「セネックス」の元型がある。現行のパソコンは相当「プエル」性が強いようであるが、その「アンバランス」は、この「セネックス」極とのバランスを回復することによって、緩和されることだろう。

二、携帯電話と人のつながり

携帯電話も、いわゆる先進国では爆発的に普及している。若者にかぎらず、幅広い年代層にとって、手元からの手軽な通話やメールはもはやなくてはならない必需品となっている。しかし便利さの影に、気になる副作用もある。携帯電話に関連して、筆者が最近耳に残った言葉がある。一つは「どうしてくれるのよ、もう友達と連絡できなくなっちゃった。……学校にも行けない！」という女子高校生の言葉である。母親がまちがって娘の携帯電話を紛失してしまったことへの怒りの言葉なのだが、携帯電話を介して成立している希薄で頼りない人間関係に、本人が依存しつつもいつも不安にさらされていることを示唆している。また、「携帯がない頃、学生はどうやって待ち合わせをしていたんですか？」という言葉も印象的であった。これは筆者のセミナーに参加していた男子学生の発言である。携帯電話によって個人と個人がいつでも連絡できる環境が実現し、その一方で、その媒介なしには「待ち合わせ」の方法が浮かばない、というところに、進歩と退化の両面が見てとれる。もちろん、携帯電話がなくなったとしても、すぐに若者も順応するであろう。しかし、便利な環境に依存することによって、能動的な想像力や、「待ち合わせ」のなかで相手の「こころ」を信頼する方法、相手がいまどこでどんなふうにしているのかを思い描く想像力や対処の柔軟性が狭められていることは否定できない。

情報機器によって「つながってしまう」ことにより、つながらない事態への不安が高まり、イマジネーションのなかで「つながる」力が弱くなっていく、というふうにも考えられる。筆者が元型的心理学者ヒルマンの言葉から引き出した仮説であるが[4]、「情報が増えれば増えるほど、居場所の感覚が薄れる」ということが近年特に現実のものになってきているようである。「いつでも、どこでも」同じように情報資源が供給される環境のなかでは、自分がどこにいるのか、どこを向いているのか、という感覚が希薄にならざるをえない。

筆者が一九九九年末に行った調査[5]では、普及の過渡期において、携帯電話を利用している人としていない人の「私と電話」イメージを比較することができた。携帯電話を利用していなかった人の描いた絵は、利用している人に比べて人物に肉厚があり、実感のこもったものが多かったのが印象的であった。簡単には一般化できないだろうが、携帯電話の「影」の面に敏感な人のなかには、生身の実感を大切にしている人の割合が高かったのかもしれない。

三、「インフォメーション」から「イマジネーション」へ

筆者がシンポジウムに臨んでようやく思い至ったのがこのテーマである。情報機器は文字通り広汎な「インフォメーション」を高速に処理して提供してくれる装置であるが、そこから得られた情報は、それだけでは、まだ人間のこころの働きによる洗練や能動的取り組みがなされる以前の、無機的な素材にすぎない。どんどん送られてくるこの「インフォメーション」を、どのようにして自分のものにし、そこからイメージをふくらませて、「イマジネーション」の体験に持っていけるか、という視点が、情報機器と臨床心理学を考えるひとつの基本軸となるのではないか。

例えばロールシャッハ・テストの図版を見て、「インクのしみ」だというのは全く正しい。ただしこれは「インフォメーション」の水準での話である。臨床心理学が扱うべきなのは、むしろそれを「羽を広げている蝶」に見たり、「恐ろしい人」に見たりするこころの働き、すなわち「イマジネーション」の水準での事実なのである。

かつて筆者の友人が、外国旅行を体験して「やっぱり実際に行くのとテレビで見るのとでは全然違う」と言ったことがある。それに対して筆者は「違うのは当たり前だけど、自分は逆に、実際に行ってもテレビで見て想像したのと

そんなに劇的に違うという体験をしたことがない」とあえて発言してみたことがある。筆者はユング心理学のタイプ論で言うと直観タイプのようなので、特にこのような印象が強かったのかもしれない。この対話には、インフォメーションとイマジネーションに関する興味深い示唆が含まれている。一つは、リアリティというのは、それをどのようなチャンネルで受けとめるかによってちがう開かれ方をするということである。視覚・聴覚のみに特化した「リアリティ」が本人にとって重要ならば、テレビ体験と実際の体験はそれほど違わないかもしれない。もう一つは、イマジネーションによる補完の豊かさである。テレビから入ってくるインフォメーションだけが問題なら、実際の体験とテレビ体験ははじめから比べようもない。実際の場面のほうが多様な感覚入力をもたらしてくれることは自明である。しかし、限られた情報からでも、イマジネーションの働きによって、「リアル」な体験に近づくことができる。これは、夢報告を言語的に聞いていても、その場面を相当感覚的に追体験(その妥当性には議論の余地があるにしても)しうるという、面接場面でのコミュニケーションにも通じている。

ヒルマンは、「アニマは出来事を体験に変える」と言う。[6] 出来事(event)はそれだけではインフォメーションの水準にとどまっている。それが、当人にとってどんな意味をもつのか、当人のイマジネーションにどんな働きかけをするのか、というのが、体験(experience)の相であり、これこそが「たましい」の働きなのである。

ユングがフロイトとの決別の後、精神的危機に陥ったことはよく知られている。[7] そこで彼は自分のこころのバランスを取り戻すべく苦闘したのであるが、最終的には、自分のなかから浮かんでくる「イメージ」の世界を徹底的に探求するしかない、という境地に至り、ユング派最大の技法ともいわれる、「アクティブ・イマジネーション」を考案し、自ら試みていった。これは、覚醒状態において、内的イメージの動きに意識を集中させ、そこで展開するものに積極的に関わりつつ、克明な記録を行うというものである。この作業から、ユング心理学の基礎となる概念が数多く見出されることとなった。

ユングによるアプローチの特徴は、人間のこころを観察してまず見えてくる情動の動きの底に、「躍動するイメージ

(moving images)」の世界があるという視点である。これは彼の心理学の出発点であったコンプレクス心理学の基本構造でもある。人間のこころのなかには、「情動に色づけられた、観念の複合体」、すなわちコンプレクスがいくつも存在していて、それぞれが「自律的に」作動している、というモデルである。フロイトが基本的に、報告された夢内容や神経症の症状の奥底に隠れている、抑圧された情動の世界を探求した視点とちょうど好対照をなしている。ユングはその情動の底に何があるか、イマジネーションを働かせつつ、さらに深く探求したともいえる。

分析心理学のなかでもイメージに対する誠実さを強調する元型的心理学では、「イメージのもとにとどまる（stick to the image)」ことを大原則としている。[8][9] ここで、元型的心理学派がよくフロイト派の問題点として批判するのは、「還元的解釈」である。「還元的解釈」でなされる作業は、夢や症状の根底にある情動内容、衝動を既存の体系にあてはめて、言い当てることで、神経症の構造を「わかった」こととして不安を軽減しているのだ、という批判である（実際の臨床場面でなされていることは、こうした還元的解釈に留まらず、もっと豊かな内容があるにちがいないと筆者は信じている）。ここでフロイト派精神分析について云々することは筆者の力量を超えることなので、仮に、こうした「還元的解釈」による心理療法があったとして話を進めたい。だとするとこれは「インフォメーション」の水準に特に焦点をあてた心理療法に分類できよう。還元的解釈によるアプローチでは、神経症症状という未知のものの背後にある、エディプスコンプレクスなり、抑圧された衝動なりに名前を付けて整理することによって、その症状の持つ不気味な効果を和らげ、自我にとって扱いやすいものにしていく方向に治療が進行していく。

しかし、イメージは、芸術作品を味わうのと同様、自分の感覚を動員してそれを「体験」することによってのみ、その本当の意味に触れることができる。[10] ユング派心理療法では、ユング自身の自己治癒体験をモデルとして、無意識との相互作用による治癒を目標としている。情動の底にあるイメージの世界を探求するには、夢やアクティブ・イマジネーション、描画や箱庭といった、イメージとの取り組みが不可欠となる。こうしたイメージ素材との取り組みを通して、イメージの動きそのもの(元型)のなかにある自己治癒の可能性を探っていく。これは、還元的方向とはむしろ逆の方向に向かうものであり、無意識の世界から現れてくる未知のものに、それそのものとして、体験的に関わっていこうとするのである。こちらはいわば「イマジネーション」の水準に焦点をあてた心理療法であるといえよう。

〈イマジネーション〉とは

ところで「イマジネーション」とは何なのだろうか。ここでその定義についてもう少し明らかにしておきたい。もちろん、イマジネーションは、イメージを産出したり、イメージに触れたり、イメージの変容につきしたがったり、といった、イメージとの取り組みを指している。ヒルマンは「イマジネーションこそを唯一の、議論の余地のないリアリティとし、直接提示され、直接感じられるものとする」ことで、自我が心理学的に存在しうるという。[11] もし当人のイマジネーションが働かなければ、自我は「字義通り」の直解しかできなくなり、逆に特定の「リアリティ」に捕まって動けなくなってしまう。[12] また、ワトキンスは精神分析や発達心理学で扱われてきた「リアリティ」と「イマジネーション」とが排他的対立項であるような考え方を批判的に検討し、ヒルマンの元型的心理学にも依拠しつつ、イマジネーションがリアリティをもたらす、という見解を述べている。[13]

情報機器が主に取り扱っている「イメージ」の種類は、よく用いられるＡＶ（Audio Visual）という略称でもわかるように視聴覚に特化している。いちばん狭い意味で考えれば、イメージというのは、視覚的イメージを暗に指しているのだが、ここでいうイマジネーションの領域では、視聴覚だけでなく、触覚、嗅覚、味覚、身体内感覚をも含む、多様な感覚のすべてを含むイメージが存在しうる。こうした多様な感覚を通して、市川のいう「身」のような共通感覚相での統覚が生じ、[14] 自分の過去経験と現在とが響きあい、余韻を残しつつ次の時間に入っていくのである。そういう意味において、イマジネーションは視聴覚に限定されない複合感覚的な世界をもっている。

特に必要に迫られないかぎり、日常生活において、夢ワークのような集中的なイメージ体験をすることはそう多くはないかもしれないが、「イマジネーション」について考えるには夢をイメージするのが近道である。例えば、夢を扱うとき、夢報告の諸要素を分類し、整理していくのは、先述の還元的アプローチの方向であり、「インフォメーション」の水準での扱いに近い。逆に、ユング派の夢ワークのように、夢の中の一定のポイントに立ち戻って、そこから夢の世界に入っていって、「夢の進行にまかせる（let the dream dream on）」場合、夢を情報というよりも主体と相互作用しつつ自律的に展開していく「環境」として扱っていて、これはより「イマジネーション」体験志向のアプローチである。[15] 分析セッションの夢ワークでは、例えば夢の最初の地点をできるだけ克明に想起しつつ、そのイメージの世界に入っていき、何が見えるのか、どんな感情が体験されているのかを語っていったりする。こういう体験を重ねると、イメージそのもののなかに自律的な動きがあることがすぐに了解できるであろう。そして、イメージの動きを損なわないように、忠実に従いつつも、イメージの登場人物の一人として、能動的に働きかけていく。こうしてイマジネーション水準での意識と無意識の相互作用を活性化させていくのである。[16] ユングは『超越機能』[17]においてこうしたアクティブ・イマジネーションの方法と意味について解説しているが、そのなかでも、意識が無意識を理解することに意味があるのと同様、無意識が意識を理解することにも重要な意味がある、ということを述べている。夢のイメージに働きかけるとき、夢見手が夢の中の「自分」に入ることもあれば、ほかの登場人物に入って、その人物の心情を内側から再体験することもある。そうすると、思いもよらなかったような新しい視点が芽生えることもある。夢の中で、主人公を追跡し、脅かす人物がいたとしよう。主人公の観点からみれば、これは不気味で恐ろしい体験であり、この人物の脅威からどうやって逃れるかに焦点があたっている。ところが、この追跡してくる人物に入ってみて、その人物から見た事態を再体験してみると、例えばその人物は寂しさを感じていたり、主人公が真剣に取り扱ってくれない不全感を感じていたりする。そして、「あなたはどうしたいのでしょうか」ときちんと尋ねられると、「いや、ちょっと話がしたかっただけなんだ」ということになるかもしれない。このような働きかけを展開していくと、当初、逃れようのない恐怖夢だと思いこんでいた場面のなかで、案外意外なところに出口が見つかったりする。やがて、こうしたイメージの体験を通して、本人が自分の一面的な態度に気づき、新しい態度に開かれていくこともある。

イマジネーション水準の働きかけの好例を、ヒルマンは蟻塚のイメージを例にあげて解説している。[18] 蟻塚を刺激してしまって、無数の蟻が足下から這い登ってきたとする。これはもちろん恐ろしい悪夢であるが、そのとき、「狂気(crazy)」に陥りそうになるのは、自我がそのイメージに耐えられず、知的な了解に戻ろうとするためである。イメージの中では、夢の主人公はもっといろんなことができる。蟻を振り払ってもいいし、蜜をどこかに置いて蟻の気をそらしてもいい、蟻に通じる歌を歌うこともできる。イメージに対して、イメージのレベルで働きかける限り、「狂気」には陥らない。無意識はイメージを使って自らを表現するので、イマジネーションを通して無意識とコミュニケーションを進めていくことが重要になる。そのイメージで表現されたことに意味があるので、「何々コンプレクス」のような既存の概念に置き換えてしまうと、イメージにこめられていた力を利用できなくなってしまう。イメージのもとにとどまり、イマジネーションでの相互作用を活性化させていくことによって、それまで本人が陥っていたなんらかの「一面性」が補償されやすくなり、狭く固定化された一面的な態度に変容の可能性が生まれる。

これは一例にすぎないが、ユング派志向の心理臨床家は、夢、描画、箱庭など様々なイマジネーションの「窓」を通して、クライエントの語る物語にそっていく。そのなかで、インフォメーション、イマジネーション双方の水準を行きつ戻りつしながら、クライエントが体験していることをできるだけ体験の厚みを持って理解し、受け取ろうとつとめている。そして、本人のイマジネーションがより自由に動き出せるよう、最大限の配慮をして働きかけているのである。

四、リアリティの変容？

それでは、情報機器がもたらしうる「リアリティの変容」について論じたい。とはいうものの、「リアリティ」とは何か、というのを問うのは難しい。それぞれの人が、自分なりのそれぞれの「リアリティ」の持ち方をしているであろう。学派によって、リアリティのとらえ方も違うことだろう。筆者の考えとして、「リアル」なものは物理的対象や生物学的認知構造によって規定される、いわゆる客観的世界として立ち現れている現象面であり、その「リアル」なものを人間の側がどのように想定するかという、認識する側の主観的な位置づけをも含んだ概念を「リアリティ」としておく。

ここでは、情報機器がもたらすインフォメーションの流れから「リアル」なものを位置づけていくダイナミクスのなかで、テレビをはじめ、現代の情報機器がどのような影響を及ぼしているのかに焦点をあてて考察を進めたい。

テレビが「リアリティ」に及ぼす効果

ギーゲリッヒはテレビが現代人のこころに及ぼしている影響について、元型的心理学の考え方からこう指摘している[19]。まず、テレビがもたらす「インフォメーション」であるが、「現代的な意味でのインフォメーションというものは本質的に人々から疎外されていて、人々もそのインフォメーションから疎外されている。インフォメーションは盲目的で不毛なもので、それはわれわれを何も啓蒙しない[20]」。彼の言う「疎外」とは、インフォメーションだけでは人間はほんとうの「体験」ができないことを示している。さらに彼はテレビ装置のもつ魅惑性や薬物との類似性を指摘し、テレビは視聴者の意識水準を下げ、本当の（たましいの）体験から遠ざける働きがある、としている。「主観的にではなくて、非常に客観的に自分の身を捧げ、テレビから現れてくる外的な印象の絶え間ない流れに自分自身を委ねているのである。テレビというのは、一種の自己否認をもたらすのである。（中略）本物の宗教や儀式においては、自分を放棄していくような犠牲は、ある神に捧げられる。そうすると今度は魂に深い満足が与えられる。しかしテレビの場合には、そのような深い魂のレベルでのことが起こらない。それが起こるはずがないのは、自分の情動を喚起していくイメージが、犠牲を捧げる人を自分自身の内に自閉的に閉じこめてしまい、他者につながっていかないからである[21]」。

もはやテレビはインフォメーションの供給源としてなくてはならない存在になっているが、絶え間なく移り変わる映像に浸りながら、かえって意識水準は低下し、ほんとうの（たましいの）体験から遠ざかっている現代人の姿が明瞭に描かれている。筆者はそれに、以下に述べる「サングラス自我」の形成作用を付け加えたい。

コミュニケーションの一方向性――〈サングラス自我〉の肥大

こうしたテレビに代表されるような情報機器との相互作用を通して形成される心的態度の特徴を考えてみよう。ただしここで述べることは筆者の体験を通して導き出された仮説にすぎない。

リアリティは、「生活」を通して、特に自分をとりまく人々と交わし合う「まなざし」を通して形成される。この「まなざし」はとても重要な働きをもっている。例えば、カーストは患者が夢の中でおそらく分析家のイメージに近い「女教皇」からまなざしを向けられた体験が劇的転回点となった事例を報告している。「彼女は私を見たんですよ！」とその女性患者は深い宗教的感情を語ったという。[22] 重要な人物にまなざしを向けられることによって、「自分」の基盤となる感覚を取り戻すことができたのである。「まなざし」は、ときに本人の描くリアリティや、人との相互作用のパターンを変えるほどの影響力がある。情報機器を通してもたらされる「まなざし」にも、それは共通している。

卑近な例であるが、近年の学級崩壊現象や、大学の講義での私語の多さ（もっとも最近は携帯電話でメールをやりとりする学生が多くなり、私語自体は減少した）の背後には、情報機器がもたらした環境による態度の形成があるように感じられる。これは、与えられる情報に対して、あたかもテレビの視聴者であるかのような、単一方向のコミュニケーションを想定している態度である。この態度は現代人に深く根を張りつつあるように思えてならない。筆者なりにたとえてみれば、いわば「サングラス自我」の肥大現象である。

サングラスは光量を調節するだけでなく、心理学的な機能も持っている。それは、自分のまなざしを相手から隠すことにより、「私には見えるが、あなたには私の目は見えない」というコミュニケーションの非対称性をもたらす効果である。かつてヒルマンは現代都市の建造物の元型的意味をとりあげて、現代の鏡のような窓を敷き詰めたビルはパラノイア心理の表れだと指摘した。これはまさに、「私には見えるが、あなたには見えない」、逆転すれば、「私からは見えないが、誰かに見られている」状況である。この非対称性はテレビを介した関係にとくに顕著である。出演者は視聴者一人一人の姿を見ることはできない。しかし視聴者は出演者を好きなだけ見ることができ、出演者が気に入らなければチャンネルを変えたり、スイッチを切ったり、画面を無視することも自由にできる。視聴者の散らかった部屋やルーズな衣服は相手に見えないし、菓子を食べたり、雑談しながら視聴しても誰も文句は言わない。

この、視聴者の態度が無意識的に恒常化し、堅固になったものが、ここでいう「サングラス自我」である。その核心は、「私からは見えるが、あなたからは見えない」状況を暗黙のうちに想定して行動する傾向である。こう考えると学級崩壊や講義中の私語はよく了解できる。彼らは、「視聴者」の態度で振る舞っているのである。授業はあたかもブラウン管の向こうの世界であり、自分と無関係に成立している世界である。学生が私語をしても、講師が傷つくことはない。テレビの向こうの世界は視聴者と直接の相互作用をもたずに秩序を保っている。テレビの登場人物は、テレビカメラへまなざしを向けてはいるものの、視聴者を直接「見」てはいない（女子アナなどテレビの登場人物に個人的な視線を向けられている、というのはむしろパラノイアの世界である）。このように、現実とガラス越しに接触しつつ、こちらは向こうから見られていない、という構造がサングラス自我を形成する基礎となっている。

学生の「サングラス自我」傾向を例証する一例であるが、そういう傍若無人であるかのような態度をとっている学生を指名して意見を求めたりすると、本人の表情が急にこわばり、言葉が出なくなってしまうことが多い。そのとき、彼らは姿なき「視聴者」の立場から、急に責任ある個人の立場に引きずり出されたかのような、寄る辺なき表情を見せる。サングラスを急に外された人の反応を彷彿とさせる。

筆者はかつて試みに、大教室での授業開始時にビデオカメラをセットして、ディスプレイに学生の様子が映るようにしたことがある。自分の映像に気づいた学生たちはたちまち席を移動し、カメラの視野から逃れた。こういう恥じらいは当然の反応でもあるが、反応のすばやさと画一性（カメラの視野に残る学生は一人としていなかった）はきわめて印象的であった。見ることに慣れていても、見られることには戸惑いや抵抗感が強く喚起されるのである。

現代人にとって、テレビはいわば複雑な「鏡」の役割を果たしている。人々はテレビに映るものを「ふつう」の人を参照するための枠として用いている。しかし画面にはふつう自分の姿は映っていない。そこで視聴者は、あたかも「透明な」身体でもって画面のなかに参入していくと同時に、自分の身体や姿をどこかで「否認」していることになる。これはヴァーチャル・リアリティ体験の特徴でもある。

テレビを通して視聴者に向けられているまなざしについて考えてみよう。ニュース番組、バラエティ番組、そして、最も真剣にメッセージを送り続けているコマーシャル。番組制作者は通常、視聴者の姿が「見えない」まま、彼らの想定する「他者」に向けて番組を作っている。その「他者」とは、番組を理解してくれる、知的でハイセンスな、万能の消費者のイメージであろう。番組が視聴者に向ける「まなざし」はこの仮想的消費者に向けられている。視聴者が誰であろうと、番組は「お客様」に向けられているため、その視線に対して、視聴者の側にもそれに対応した態度が形成され、「万能の消費者」感覚が活性化されていくことになる。とはいっても、健全な人であれば、実は自分は万能の消費者ではないという自覚を失うことはないのだが。

身体への感性にも影響を受けることになる。テレビの映像世界に入り込むことで、自分の身体に対する自覚は相対的に低下する。そして、自分の身体と無関係に成立している、「正しく美しい世界」を繰り返し見せられる。それが参照枠になると、大多数の人にとって、自分の身体は「まちがった」ものに留まらざるをえない。先述のギーゲリッヒの言葉に、「テレビというのは、一種の自己否認をもたらすのである」とあったが、この言葉は、テレビの映像世界と自己像との関係をよく言い表している。こうして自己身体の感覚が透明化することで、画像に現れる他者を評価したり、「正しく美しい世界」の視点から厳しく裁くことができる。しかしこの関係では、自己愛がいわば仮想的に満たされているだけなので、暗黙の不全感も同時に募っていかざるをえない。

「サングラス自我」を助長する一方向的な関係はテレビに限ったことではなく、現代生活の様々な場面に見受けられる。自動販売機、スーパーマーケット、コンビニ、といった消費の場面にもこの関係が蔓延している。店員は客をやんわりと無視して、客を圧迫しないように配慮している。これは生身の関わり合いを最小限にして、客の購買充足をできるだけ活性化させるための方便であろうが、結果として、現代人は、人とほとんど言葉を交わすことなく生きていける。テレビとの関係のように、自分をさらけ出さずに必要な資源を選択し、利用できる環境がどんどん広がっている。

このように、一方向的に流入してくるインフォメーションにさらされていると、自分の存在をさらした上での相互作用の経験が希薄なまま、自己愛的な主体感覚が肥大していき、「サングラス自我」が形成されやすくなる。これは他者とのかかわりを犠牲にして成立するものなので、他者の心情や苦痛をイメージする力が衰えていき、共感性が育ちにくくなると考えられる。

つぎに、テレビからパソコンへと考察を進めよう。パソコンはテレビに比べて複雑な機能を持っているが、一般ユーザーの主な用途は、インターネット検索、ワープロによる文書作成、家計簿などの表計算であろう。特に近年は通信速度が上がり、常時接続もできる、いわゆるブロードバンド化が進んできたため、今後の用途はビデオ番組の受信など、テレビの機能にも近づいている。

パソコンの「リアリティ」

「永遠の少年」たるパソコンはどのようなリアリティを体験しているのだろうか。ユング派分析家のロバート・ボスナックは「ユングとテクノロジー」と題したシンポジウムにおいて、ロマニュシンの『症状と夢としてのテクノロジー』[23]に基づいて、テクノロジーと人間との関係について興味深い指摘をしている。[24] ロマニュシンは「パースペクティブ」という鍵概念から両者の関係を論じている。たとえば顕微鏡を用いることによって、人間は対象を拡大して見る力を得たのだが、その一方で、対象となっている物体から見ると、人間は視野のはるか彼方に遠ざかってしまったように見える。この関係に象徴されるように、物質と人間との関係が、テクノロジーを介して近づくと同時にまた遠ざかってもいる。ボスナックは錬金術におけるテクノロジーが人間のこころの働きと物質の変化とを緊密に関係づけた点をとりあげ、将来的にはいったん離れてしまった人間と物質を再び新しいテクノロジーが結びつける可能性を示唆した。テクノロジーと人間との関係がここでもパースペクティブという「まなざし」の観点から考察されていることが興味深い。

パソコンからユーザーを見た場合も、顕微鏡の場合と同様の遠さがある。パソコンから見た「リアリティ」は時間的連続性に乏しく、断片的で、非個性的である。ユーザーを識別する手がかりはＩＤやパスワードという文字情報だけなので、キーボードを押す人間の違いはわからない。しかも、パソコンは自伝的記憶に乏しく、これまでの歴史についてわずかな知識しか持っていない。近年のオペレーティング・システムでは、この点が少しずつ改良されてきたとはいえ、まだパソコンが『二〇〇一年宇宙の旅』のＨＡＬのような人工知能として自伝的記憶を形成する水準には至っていない。このような断片的記憶の持ち主と人間が付き合うとき、人は自分の個性が尊重されていないように感じるであろうし、そもそもそのようなことは期待しないであろう。

また、パソコンは電源供給を完全にユーザーに依存していながら、供給源についてのイメージをもっていない。電源のストップはすなわち機能のストップであるので、パソコンからみれば、電源は常にＯＮである。電池のモニタはしているが、残量が少なくなったからといって「疲労」することはない。長時間ゲームや作業を続けても、人間のように疲れたりはしない。パソコンは「疲れを知らない子ども」であるかのように、人間に付き合い続けてくれる。疲れどころか、「痛み」も感じず、責任感や罪悪感とも無縁である。記憶装置にエラーが出ても、パソコンは責任を感じない。パソコンは常に「イノセント」でありつづける。

もともとコンピュータが得意にしているのは、そのような歴史的記憶や実感を持たずに、同じ作業をあきずに何度でも繰り返すことなのである。人間の側もその特性を利用して、繰り返しの仕事をさせている。皮肉なことに、パソコンが高速化され、記憶容量が巨大化するほど、意味のある仕事や情報よりも、「アイドル」な待機時間や無駄な記憶領域が増大している。パソコンは、人間にたとえると相当意識水準の低い状態で、希薄なリアリティのなか、自らの完全性に疑問を持たない生き方をしているようである。

ユーザーから見た「リアリティ」

ユーザーがパソコンを通して得る「リアリティ」について考えてみよう。パソコンの主要用途の一つ、ワープロの効用については、ストールに詳しい(25)。文章を作成するとき、ノートに手書きする場合、タイプライターを使う場合、ワープロを使う場合、それぞれの作業環境の特色が作業時の印象や作成される文章の文体に影響する。ユーザーはワープロで文章を作成するとき、同じ作業を何度でも繰り返させることができる。いつでも手直しができる融通性は確かに便利である。しかし、いつでも直せるという環境が先述の「プエル」的な態度、すなわち、結論を保留しつつ最終地点に到達しない態度を強め、構想力を低下させるかもしれない。画面に現れる文字も手書き文字とはちがって本に印刷されたような整った外見なので、どこかよそよそしい印象を与える。

コンピュータ画面は、個人によって「カスタマイズ」できるとはいえ、メーカーの仕様に基づく画一的なものである。ユーザーは、文章を打ち込んだり絵を描いたり、写真を加工するといった作業をすることによって、その画面に「参加」する。私の机の、私のノートに私の字を書くという、私的世界とはちがい、多数のユーザーと共通の画面上で、標準的な文字を使い、仮想的な「ノート」に、情報を注入していく。この仮想的なノートの平面は、同時に、インターネットを介して世界中のパソコンと情報をやりとりする窓でもある。ここでは、ネットから得られた情報もユーザーが作成した文章も同じような文字で表示され、身体性の希薄な、抽象的な空間が広がっている。

インターネットのホームページを閲覧するさいにも、テレビ視聴のようなコミュニケーションの一方向性は依然として強い。インターネットは本来、双方向性のメディアであり、電子掲示板やメールのやりとりは「一方向」ではない。しかし、一般ユーザーが「ネットサーフィン」するとき、膨大な数のホームページから自分に役立つ情報を求めて、際限なく取捨選択していくのであって、その姿がホームページの作者や閲覧者にさらされているという認識は乏しいだろう。姿の見えない「自分」が自由自在に情報を利用することを繰り返すうち、一方向のコミュニケーションを志向する「サングラス自我」が形成されやすくなる。

特に、インターネットではパソコンの文字や画像という、抽象的な「身体」を介したかかわりが中心になっている。そのおかげでユーザーは透明な存在として、身分や性別、国籍にかかわらず平等で等質な存在になる。他者とかかわるとき、自分の身体をさらすこともなく、感覚印象を極度に制限した、記号的な世界にあそぶことができる。

そこで双方向の、自己身体をさらしたコミュニケーションによって培われるものが置き去りにされたままになると、自分自身の矮小性や有限性に気づかされて生じる自己愛の傷つきとその再構築、その過程で経験する情動体験との取り組みが充分なされないまま、裏打ちの乏しい自己愛や、身体なきサングラス自我が肥大していくことになろう。そして、現実の自分が人の目にさらされるやいなや、それまで自己愛を支えてくれていた、画面の向こう側の理想像との同一視が破れる恐怖や苦痛に遭遇することになる。(26)

情報機器を通したリアリティと「こころの病い」

ここで、情報機器を通してもたらされるリアリティと心の病いの関係について考えたい。ただし、ひとそれぞれに「リアリティ」があるのであって、「正しい」リアリティとか「間違った」リアリティがあるわけではない。「こころの病い」という事態も実は相対的なもので、つきつめれば全く健全な人というのはいないのかもしれない。ただ、本人の思考や行動が自分の幸福あるいは社会や他者に対して、看過し得ないほどの摩擦を起こしていない場合、つまり許容範囲内にある場合、これを強いて「病気」とはよばないでいられるだけともいえる。

情報機器がもたらすこころの状態に関連が深いのは、パラノイア的世界観、離人症、自己愛性格や強迫神経症など様々であろう。とりわけ離人症は、イマジネーションの機能低下という見方もできるので、ここで簡単に紹介しておきたい。

離人症は、神経症から精神病まで広汎な病体水準に現れる症状であり、現実感の低下を特徴とする。よくなされる訴えは、「世界をガラス越しに見ているような感覚」や「自分が実際に経験していることなのか、映画の中のことなのか区別がつかない」ような実感のなさであり、これが恒常化すると、本人は現実との疎隔感に著しい精神的苦痛を味わうこともある。

離人症状には、インフォメーションの流入に対して、イマジネーションがついていけなくなった状態である、という側面もある[27]。いわゆる「離人症」に苦しむ人は、日常生活の中で、何らかの理由で内的なイマジネーションへの統合が流入する情報についていけなくなったのであるが、情報機器によって、断片的情報がすさまじいスピードで入ってきている状況では、これまで以上に「離人感」が生じやすくなっているかもしれない[28]。

ヒルマンは離人症の状態を次のように述べている[29]。離人症の状態になると、重要な情動である「私である(me-ness)」感覚が消失し、世界はガラスの向こう側のようになり、奥行きの知覚がもはや機能しなくなり、近景と遠景が平面的世界に混在して見える。このような離人症的世界は、精神病患者だけでなく、いわゆるノーマルな人にも生じうる。この感覚は、広汎な疾病群に横断的に見られるものであり、「症候群に属しているというよりも、個人に属している[30]」とさえ考えられている。

氏によると、この事態は、「世界を動かし、出来事を『私』としての経験に変える人格の感覚をもたらすもの」、すなわち、アニマにかかわる事態だという。ここでアニマ概念の詳細に触れることはできないが、ごく簡単にいえば、アニマとはユングのいう「元型」のひとつで、男性（近年は男性だけでなく女性にもアニマがある、と考える研究者がいる）のこころの深みにあって、世界の体験を「リアル」ならしめているものであり、女性の姿をとってイメージされるものである。アニマは「たましい」への導き手でもあり、まさに、インフォメーションをイマジネーションに結びつける働きである。アニマの導きに耳を傾けるには、ゆったりとした時間と空間、そして、一方向的ではない、開かれた態度が必要となる。また、アニマに出会い、実りある対話をするためには、それに先だって、自分が生きていない側面である「影」（主として同性の他者としてイメージされる）との取り組みもしておかねばならないので、なかなか簡単にはいかない。

しかし、テレビやパソコンに象徴される「高度情報社会」はますます情報のスピードを上げて、個人に迫ってきており、イマジネーションを豊かにする余裕を与えない。そして、規格化された共通の「商品」を通じて形成される生活は、個性をうたいつつも、没個性を強いていく。こうして、情報の奔流にさらされた、あいまいなリアリティが醸し出されていく。これは自分独自の体験に根ざした明瞭なリアリティではなく、どこかうつろな、自他の区別が不確実なリアリティである。例えば近年は国内のどの駅前にも同じようにファーストフード店、コンビニ、ATMが並んでいて、どこでも同じ感覚で生活できる。これはモジュール化され、商業的に再構成された町並みである。規格化された情報が広範囲に広がり、「場所」の独自性を希薄にしていく。こうした環境も、イマジネーションの機能を鈍化させ、離人的な感覚を強化する方向に働きかけている。

ギーゲリッヒはテレビが人々を本当のイニシエーション体験から遠ざけていると指摘しつつ、情報の奔流に惑わされない時間や空間の重要性を次のように述べている。「本当に意識を拡大するためには、集中、意識を空にすること、沈黙が必要になるのであって、印象に満ちあふれることによってではないのである[31]」。アクティブ・イマジネーション、インフォメーションの手続きは、まず「空《から》の空間」をつくることから始まる。イマジネーションを働かせるためには、インフォメーションの騒音から自由になれる「空間」を持たねばならないのである。筆者の感じでは、離人感に苦しむ人々は、アニマと自然に出会えるゆとりある空間が何らかの理由で利用しにくくなっていて、やむを得ず代わりに非常用の狭い空間を無理しながら使っている、という状態ともみえる。そしてこれは、狭いコンピュータ画面で世界とやりとりしているユーザーの姿にもどこか似ている。コンピュータからのインフォメーションをアニマの働きによってイマジネーションにつなぐには、コンピュータから自由になれ、アニマの声に耳を傾けられる「空間」をいかにして確保するかにかかっている。

結語

自分をインフォメーションから語ることは容易い。年齢、性別、職業、等々……。しかし、イマジネーションの視点から自分を語ることはとても難しい。自分はどういう物語を生きているのか。自分の物語にはどういう「意味」があるのか。自分はどんなイメージを追い求めて生きているのか。おそらくこのイマジネーション水準のリアリティは、インフォメーション水準のリアリティを支える基盤なのだろう。ユングのいう人生後半の課題、すなわち、「自己実現」や「個性化」という言葉で語られる取り組みも、イマジネーションのリアリティにおおいに関係していることは間違いない。

情報機器のおかげで、人間の視聴覚の領域は世界規模に拡大し、情報のアクセス性と流入速度は飛躍的に増大した。これから必要となるのは、情報機器からもたらされるインフォメーションの流れにただ身を任せるのではなく、しかるべき「空間」を確保し、自分の記憶体系と感覚体系のもとに、イマジネーションを駆使してそれらを再構成する作業であろう。心理療法の場でなされる仕事の重要な部分は、個人的イマジネーションを駆使した、リアリティの確認作業であるともいえよう。私たちがこころと身体のなかにどのような「リアリティ」を形成していくのか、これからも見ていきたい。

註

(1) 名取琢自「情報機器の光と影」『講座心理療法 8』河合隼雄編、岩波書店、二〇〇一年、一〇九－一四七頁。

(2) フォン・フランツ『永遠の少年――「星の王子さま」の深層』松代洋一・椎名恵子訳、紀伊國屋書店、一九八二年。

(3) Hillman, J., Pothos, The Nostalgia of the Puer Eternus, in Hillman, J., *Loose Ends*, New York, Spring publication, 1975.

(4) 名取琢自「情報機器と深層心理学」、『心の危機と臨床の知』(Vol. 3)甲南大学学術フロンティア研究室編、二〇〇一年、三一－四〇頁。

筆者はシンポジウムで氏の言葉を"more and more information, less and less location"と間違って引用してしまったが、これは元々"more and more information, less and less knowledge"という言葉であった。筆者が氏の講演の前後の文脈を加味して、圧縮して記憶していたのである。引用違いというのは恥ずかしいかぎりであるが、逆に、こうした記憶の変化をもたらすのもこころの働きだと言えよう。

(5) 名取琢自「情報機器の光と影」(前掲)を参照。

(6) Hillman, J., *Re-visioning Psychology*, New York, Harper & Row publication, 1975.

(7) ヤッフェ編『ユング自伝』河合隼雄他訳、みすず書房、一九六三／一九七二年。

(8) Hillman, J., *Archetypal Psychology : A Brief Account*, Texas, Spring publication, 1983.

(9) Jung, C. G., The Practical Use of Dream-Analysis (1933), in *Collected Works*, 16, Par. 320.

(10) Hillman, J., *Re-visioning Psychology*, pp. 38-41.

(11) *Ibid.*, p. 50.

(12) *Ibid.*, p. 51.

(13) Watkins, M., *Invisible Guests : The Development of Imaginal Dialogues*, New Jersey, Analytic Press, 1986.

(14) 市川浩「身体の現象学」『岩波講座・現代社会学 第4巻 身体と間身体の社会学』岩波書店、一九九六年(中村雄二郎編『身体論集成』岩波現代文庫、二〇〇一年)。

(15) 名取琢自「アフォーダンスと臨床心理学」『心理臨床』1(5)、金剛出版、二〇〇一年、六八三－六八八頁。

(16) 鑪幹八郎・名取琢自「精神分析・分析心理学」『臨床心理学大系 続巻 一八巻 心理療法の展開』金子書房、二〇〇〇年。
(17) Jung, C. G., The Transcendent Function, in *Collected Works*, 8, 1957.
(18) Hillman, J., *Inter Views*, New York, Harper & Row publication, 1983, p. 55-56.
(19) ギーゲリッヒ「テレビの機能と魂の苦境」、『ユング心理学の展開 ギーゲリッヒ論集 3 神話と意識』河合俊雄編集・監訳、日本評論社、二〇〇一年。
(20) 同書、一一二頁。
(21) 同書、一一六頁。
(22) カースト「アニムスとアニマ 魂の成長と分離」『プシケー』第一九号、新曜社、一九九九年。
(23) Romanyshyn, R., *Technology as Symptom and Dream*, New York, Routledge, 1990.
(24) ボスナック「ユングとテクノロジー」『プシケー』第二〇号、新曜社、二〇〇一年。
(25) ストール『インターネットはからっぽの洞窟』倉骨彰訳、草思社、一九九七年。
(26) かつて一九九〇年代前半に筆者はインドネシアの精神医療事情を調査するインタビューを行ったことがある。当地で驚いたのは、首都ジャカルタでも、拒食症の事例がきわめて少ないことであった。なぜ少ないのか、バリの精神病院長に尋ねたところ、「われわれはみんな自分の身体が一番美しいと思っているからかなあ」との答えであった。もちろんインドネシアにもテレビ文化は浸透しているのであるが、自己身体の不全感を補う文化の力があるのだろうか。
(27) 名取琢自「離人症の心理療法」『心理療法の実際 5 境界例・重症例の心理臨床』山中康裕・河合俊雄編、金子書房、一九九八年。
(28) いや、もうそれは起きているのかもしれない。様々な少年犯罪のなかに、「実感」を求めての行動と受け取る余地のあるものすら、伺われるのであるから。
(29) Hillman, J., *Re-visioning Psychology*, pp. 44-45.
(30) *Ibid.*, pp. 44-45.
(31) ギーゲリッヒ、前掲書、一二一頁。

消費のリアリティ

根本 則明

二〇〇一年のシンポジウム「リアリティの変容？——電子メディア／アート／セラピー」において指摘されているように、我々は電子化された情報の発達によって、物理的な空間の制約から解放されたヴァーチャルな空間を獲得し、意識と行動に新しい可能性を持ちつつある。消費行動においても、インターネットを中心とするサイバー空間は、一般の消費者に、初めて双方向で、オープンで、グローバルなメディアと購買のシステムを提供した。今後さらに、携帯メールの高度化などに見られるように、モバイル化された高度な端末が普及することで、空間だけではなく、時間からも自由な消費行動が可能になると予測される。

今一つ、サイバー空間は、ヴァーチャルモールや、ヴァーチャルゲーム、ヴァーチャルコミュニティなどの、ヴァーチャルな世界の中での生活経験によって、今までの消費行動とは異質な、消費におけるリアリティの存在を可能にするのではないかと考えられる。本論では、まず現在のインターネット環境が、消費者の行動と意識にどのような変化をもたらしたか、その中でリアリティはどのように受け取られているかについて検討し、次いでより広いヴァーチャルな環境下での消費とリアリティについて論じ、最終的に消費におけるリアリティの意味について論じることを目指している。

一、サイバー環境における購買行動——ネットショッピングとリアリティ

インターネットは、今までのマスコミと違って、消費者側からの「欲する情報」へのアクセスを可能にし、獲得できる情報の量と範囲をも革新した。また情報の質においても、音声情報・文字情報・画像情報に加えて、コンピュータ情報を直接送受信できるメディアとなり、さらに今後の技術的発展によって、総合的な映像情報の送受信や大画面のシミュレーションが可能となるのは既定のことと考えられる。現在でも、サイバー空間の中で様々な店を訪れ、並んでいる商品を好きな角度から眺め、自分の顔とスタイルに合わせたファッションコーディネイトをシミュレートすることなどが既に技術的には実現しつつある。それではこのようなヴァーチャルな消費空間によって、消費者はあたかも実際のショッピングモールに居るかのようなリアリティを持ち、今までの購買行動の基盤であった店頭での購入を必要としなくなり、この世界で全ての商品を選ぶようになるのであろうか。

現実にここ数年、インターネット購買は大きく伸長している。一般世帯におけるインターネット普及率は「情報通信白書」によると二〇〇〇年で三四％、電通が首都圏で二〇〇一年七月に行なった調査では四一％に達しており、消費者の半数は既にインターネット利用者と考えられる。ネット販売の実績は電子商取引実証推進協議会の調査によれば一九九九年度で三三六〇億円、前年の四倍の伸長を示した。しかし別の見方をすれば、この販売金額は消費者向けの全小売販売額に占める構成比では僅か〇・二％に過ぎない。

ネット販売のトップランナーであるデルコンピュータも売上の中心は企業向けの販売であり、書籍のアマゾンも売上の中心は研究者や専門家向けで、一般の消費者向けではない。前記の電通の調査によると、インターネットショッ

	合計	利用中	計画中	無計画
インターネットショッピングを利用した事がある	16.4	35.7	4.0	2.0
今後利用したいと思っている	24.6	22.8	43.4	5.0
今後も利用するつもりは無い	57.8	40.5	49.6	91.0
今までに通販を利用した事がある	72.2	70.4	73.5	73.5
今後通販を利用したいと思っている	8.6	10.2	10.6	3.5
今後も通販を利用するつもりは無い	17.6	18.4	15.0	19.5

表1　インターネットショッピングと通信販売の利用状況（インターネット利用状況別）

ピングの利用経験者は、未だ一六％強で、インターネット利用者グループにおいてすら三六％に止まっている。これは通信販売の利用経験が各階層で七〇％以上であるのと大きく異なっている（表1）。

品目別では、市場規模と電子取引化比率では、パソコン関連商品、書籍・CD、旅行、自動車、不動産が上位を占め、伸び率では金融と食料品が上位を占めている。しかしパソコン関連商品の約三・六％を除けば、いずれも小売総額の〇・九％以下の構成比であり、到底市場を動かすパワーとは言えない。その中にあって、ネットによる航空券、ホテル、ゴルフ場などのレジャーサービス関連の予約は急成長し、二〇〇一年には二〇〇〇億円に達したと見られる（『日本経済新聞』二〇〇二年一月二十六日）。しかしこの分野ですらネット取引化率は一・二％に過ぎない（ただしアメリカではネット予約率が一一・五％に達している）（表2）。

また現在成功しているネットショッピングを見ても、ソフマップやヨドバシカメラなど有力な店舗を持っている販売者のネット通販部門が多く、純粋な無店舗のヴァーチャルショッピングは少ない。また従来からの通信販売業者のネット販売化もかなり進んでいるが、これは元々のカタログ郵送による無店舗販売が電子化したもので、手段の効率化と見るべきで、その意味では先に挙げた「ネット予約」も、電話による予約の効率化と見るべきであり、サイバー空間による新しい消費行動の創出とは考え難い。

	1998年	1999年		
	市場規模（億円）	市場規模（億円）	前年比％	電子取引化％
パソコン関連商品	250	510	204	3.60
書籍・CD	35	70	200	0.30
衣類	70	140	200	0.09
食料品	40	170	425	0.06
趣味・雑貨・家具	35	100	286	0.08
ギフト	5	15	300	0.03
その他物品	60	100	167	0.05
旅行	80	230	288	0.15
エンタティンメント	15	30	200	0.02
自動車	20	860	4300	0.90
不動産	—	880	—	0.20
金融	15	170	1133	0.20
サービス	20	85	425	0.01
合計	645	3360	384	0.10

表2　消費者向け電子商取引市場規模（電子商取引実証推進協議会調査）

二、消費における信頼性とリアリティ

以上見てきたように、ネットショッピングを積極的に利用する意向は、現状では主婦はもちろん、一般男性や学生ですら低い。そのもっとも基本的な理由は、このメディアの提供する情報の信頼性が低いことである。消費者が日常の消費行動で利用する様々な情報源には、信頼性の評価において、「商品の実物」・「クチコミ」＞「マスコミ」＞「販売情報」という明確な序列が形成されているが、その中でインターネットの信頼性はかなり低い（図1）。

インターネットの利用に対して、多くの消費者が情報源としての有効性と、その反面の不安感を持っている。インターネットに関する意見についての賛成度を集約すると、賛成度の高い意見は

イ、店頭での商品の確認や発見がない事への不満
ロ、能動的で自由な情報の探索・事前検討への期待
ハ、取引の安全性への不安（セキュリティや発信者の非特定性）
ニ、消費者同士の意見交換や企業への伝達への期待

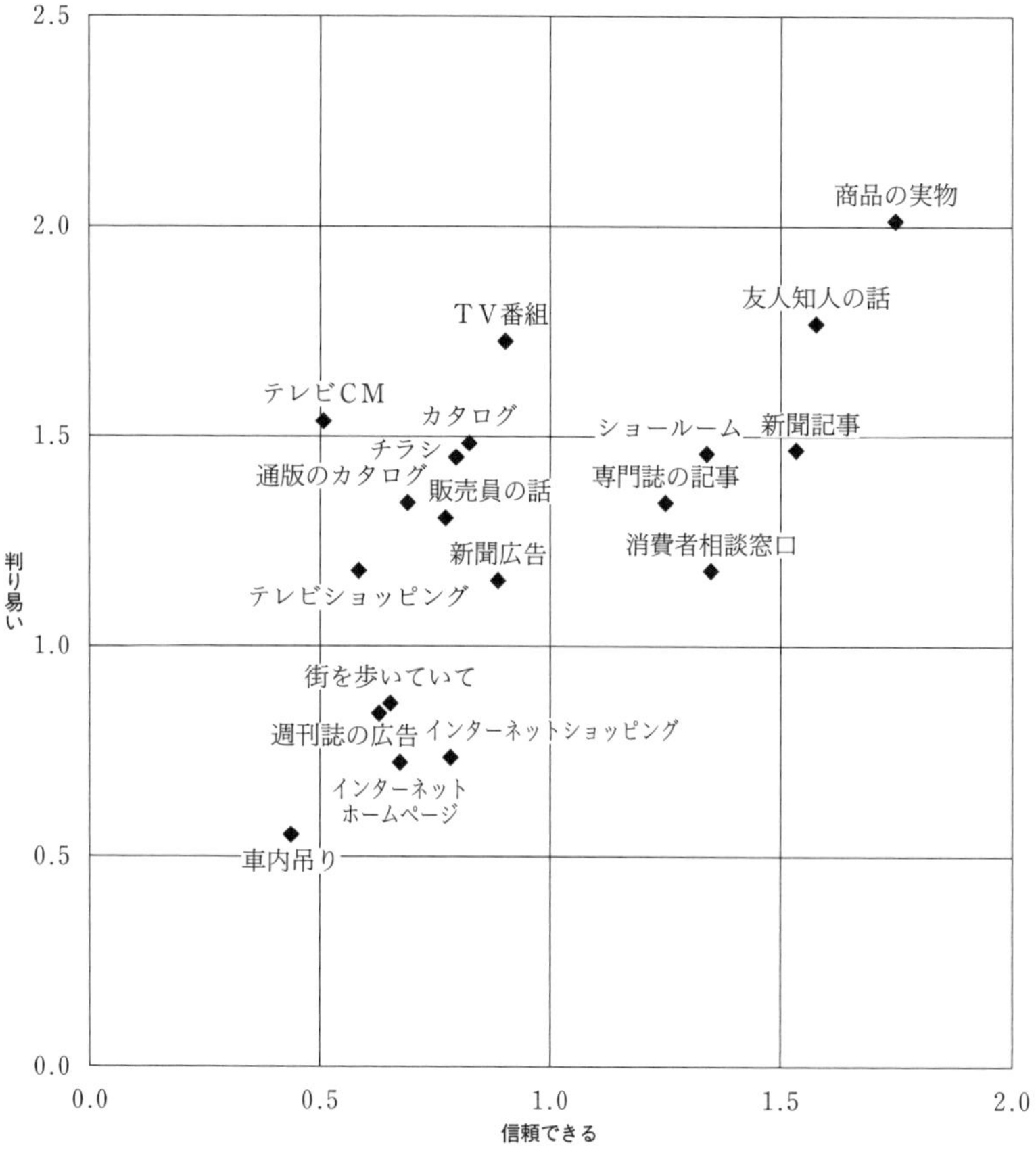

図1　信頼性と判り易さの評価によるメディアの分布(主婦)

中間的な賛成度の意見は

イ、情報内容の信頼性への疑惑
ロ、今後の機能・効用の向上についての期待
・オーダーメイドなど個別対応への期待
・価格の低下への期待
・代金の在宅決済への期待
・商品の使い方のコーチングへの期待

反対意見としては

イ、インターネットで現在存在している他のメディアの役割が低下する
ロ、店頭販売が急速にネット販売に変わる
ハ、インターネットはすでに身近になった

すなわち主婦は、現在の購買環境と情報環境が急速に変化するとは考えておらず、ネット情報の情報探索機能には強い期待を持っている一方で、リアルな購買環境である店頭と商品現物に対して強い魅力を感じている。また商品の個別対応生産や在宅決済、使用支援などの、具体的な効用についても明確な評価あるいは実感は形成されていない。現在のところ主婦はネット環境をヴァーチャルな「情報」のツールとして意識し、「購買の場」としての「リアリティ」は感じていない。しかもこのような不信感は主婦だけのものではなく、ネットユーザーにおいてすら、ネット情報の

家具やスーツは目と手で確かめたいので返品できてもインターネットで買うのは嫌	1.24
インターネットは新商品発売や商品の特徴・価格を調べるには役に立つと思う	1.13
インターネットは24時間・365日、自分の望む時間に利用できることが魅力	1.11
インターネット取引では銀行口座やカードナンバーが盗まれる危険があり不安	1.01
車や高額品を買う時インターネットで予備知識を持って現物を見て決めると良い	1.01
インターネットは与えられる情報でなく自分の望む情報を求めるのが魅力である	0.81
インターネットで消費者同士の意見交換や企業への苦情伝達が効果的になる	0.66
インターネットでは売り場を歩くような新しい発見や楽しさがなくつまらない	0.66
インターネットは家庭生活にも新しい情報システムとして定着するだろう	0.48
現在インターネットに流れている情報は玉石混交で信頼できない情報が多い	0.45
車やパソコンなどオプションを望むように組み合わせる場合はインターネットが便利	0.39
インターネットによる販売は在庫が要らず効率が高く価格も安くなると思う	0.37
インターネットで商品の購入代金や取引などの決済が出来るのは便利だと思う	0.37
現在のインターネットは操作が面倒で家庭用としては活用しにくい	0.34
商品の使い方がわからない場合インターネットならその場で教えてもらえる	0.21
インターネットによって広告に感じていた一方的広告の不満が解決できる	−0.12
コンビニでインターネットでの注文や商品受取・支払いなどが出来れば利用したい	−0.14
インターネットは現在私にとって、すでに身近なものとして感じられている	−0.17
インターネット販売は急成長し今後30年以内に店頭販売の金額を追いぬく	−0.49
インターネットが発達すれば今までのテレビや新聞・雑誌などは不要になる	−0.92

＊＋2～－2の平均値

表3　団塊世代の主婦の生活におけるインターネットの利用に対する態度（賛成度順）

信頼感は決して高くない（表3）。

もちろんネットで購入される商品には、チケット予約のような実感と関係の無い商品もあるし、インターネットの普及が進むにつれて、またヴァーチャル・リアリティの表現技術が進歩するにつれて、ネット情報に対するリアリティと信頼性も高まると思われる。しかし基本的に情報が消費を決定する力は、財に関する本来の価値情報（情報の内容）と並んで、情報の信頼性であり、情報の信頼性を決定する第一の要因は実感‐リアリティなのである。そしてそれは、ヴァーチャルな世界とは対極にある要因である。

消費者がメディアを信頼する要因を探るため、各種メディアの信頼性の評価を求めて、評価値による各メディアに対する因子分析を行い七個の因子を抽出した。表4には各メディアを信頼性の評価順に並べ、各因子の列にはそれらの項目の因子負荷量を示した（ただし有意でないと考えられる○・三以下の負荷量は省略してある）（表4）。

七つの因子のうちで、「体感型メディア」因子と

	信頼性評価値	専門的な情報提供	間接的な販売情報	カタログ的説明	印刷での印象情報	テレビ型VR情報	供給サイド的情報	実物・体感型情報
商品実物	1.8							0.39
友人・知人の話	1.6	−0.48				0.30		
新聞記事	1.5	0.48						
消費者相談窓口	1.3	0.56						
ショールーム	1.3	0.47						0.57
専門誌の記事	1.2	0.58		0.31				
テレビ番組	0.9					0.69		
新聞広告	0.9				0.47			
カタログ	0.8			0.63				
チラシ	0.8	＊0.20	＊0.19				＊0.23	
インターネットショッピング	0.8		0.50				0.29	
販売員の話	0.8						0.49	
通信販売カタログ	0.7			0.67				
インターネットのホームページ	0.7						0.75	
街を歩いていて	0.6							0.49
週刊誌の広告	0.6		0.41					
テレビショッピング	0.6		0.74					
テレビCM	0.5					0.59		
車内吊り広告	0.4				0.77			
因子寄与率		16.2%	8.5%	8.1%	7.4%	7.3%	5.8%	5.3%
平均値	0.94							
標準偏差	0.40							

＊　マークは「チラシ」には0.25以上の負荷量がなかったため特に記載した
（評価の区分線は平均値＋標準偏差値、平均値、平均値－標準偏差値）

表4　主婦の各メディアに対する信頼性の評価と各因子の負荷量による意識構造

	合計	使用中	計画中	無計画
基本的にはメールよりも電話を使っている	46.5	52.0	47.3	37.5
出会う時間や場所の確認など単純な連絡はメールを使う	31.1	41.2	28.3	19.5
友人との交流を密にするためにメールを使う	27.4	37.1	24.8	16.0
緊急の連絡やその場で答えが欲しい場合だけ電話を使う	24.6	30.6	22.6	18.0
趣味についての話題や世間話にメールを使っている	15.0	20.7	12.4	9.5
相手の気持ちや反応を知りたいときは電話を使う	14.9	18.7	12.4	12.0
子供との連絡にメールを使う	4.7	4.8	6.6	2.5
懸賞の応募や、占いなどにメールを使う	4.0	5.4	4.0	2.0
インターネットショッピングや切符の予約などにメールを使う	3.2	5.8	1.8	1.0

複数回答%

表5　携帯での電話とメールの使い分け状況の抜粋（インターネット利用状況別）

「専門的な情報提供」因子に属するメディアがもっとも高い信頼性の評価を得ている。それに対して「間接的な販売型メディア」因子と「供給サイドの主導するメディア」因子に属するメディアの信頼性は低い。特に「商品の実物」が「ショールーム」とともに高い信頼性を得ていることと、間接的販売情報の「インターネットショッピング」「テレビショッピング」および「テレビCM」の信頼性が非常に低いことは、現在の購買行動においての「リアル」な情報の強さと「ヴァーチャル」な情報の信頼感の弱さを明確に示している。

ネット情報の中で、既存の人間関係に重なっているため、高い信頼性とリアリティを持っているメールの利用実態を、よりリアルタイムな音声電話の利用と比較調査した。メールは連絡や付き合いや世間話や趣味などの情報交流に利用されており、時間に縛られない特性が評価されている。しかし緊急時や応答の確認、あるいは相手の感情的な反応を知りたい場合は、リアルタイムの直接対話型メディアである音声電話が、重要な役割を果たしている（表5）。

以上の検討から、消費におけるネット利用には、次のような改善が必要と考えられる。

イ、生活情報の探索と交流のツールとして探索方法と情報表現の完成度を向上させる。
ロ、セキュリティ、返品制度などのインフラの整備、特にユースウエアの向上をはかる。
ハ、ヴァーチャルなイメージを補うための、疑問や不満に対するリアルタイムでヒューマンな応答を可能にするシステムを開発する。
ニ、既存の人間関係のリアリティ上に展開されるメールを起点に、信頼感を構築する。
ホ、ネットだけに依存せず、店頭を含む複数のメディアを組み合わせて、リアリティを確立する。

三、ヴァーチャルな世界における消費とリアリティ

ヴァーチャルな世界において行われている消費の中で、現在最大のマーケットはゲームである。二〇〇〇年度において、ゲーム機が一七〇〇億円、ゲームソフトが四一〇〇億円、ゲームセンターの売上が五六〇〇億円、合計一兆二〇〇〇億円の市場規模を持っている。特に成功しているのは本来ヴァーチャルな世界であるAVの世界と結びついた冒険やレーシングなどの体験型ゲームである。またヴァーチャルなペットとして大流行した「タマゴッチ」も（それ自身は一過性の流行に終わったが）新しい分野の発展の可能性を示唆している。ゲームやヴァーチャルなペットなどの分野は、今後の消費の成長分野である時間消費あるいは経験型消費に属している。しかもこれらの消費は、シンポジウム「リアリティの変容？」において西村清和氏が指摘しているように、自分が参加し意思決定し結果を評価することで、「擬似」ではなく「独自の」経験価値を持つ消費と言える。先にネットショッピングにおいて、リアリティと信頼性が強い相関を持つことを述べたが、消費行動において、「能動的な参加」は、リアリティと信頼性にかかわるもう一つの大きな要因であると考えられる。今後技術面とコンセプトの開発がさらに発展すれば、より積極的な参加意識と、創造的なアクションが可能となり、知的にも感情的にも完成度の高い商品が開発され、やがてはサイバー空間の上で、一般の消費者が芸術的な創作を行うことも可能になり、経験価値の満足とリアリティはますます高まるであろう。ネットでの取引で、現在オークションが一定の成功を収めているのも、この取引が能動的な参加を伴うゲーム的な経験価値を持っているためと思われる。今後リアルタイムのオークションが可能になり、表現技術の発展によってより臨場感が高まれば、さらに多様なゲーム的ヴァーチャル取引が拡大する可能性は大きい。

ネットにおいては、ポルノの売買、交換は現在の目立つ消費分野であり、音楽の配信や将来の映画の配信も有望な分野と考えられている。しかしこれらは「ヴァーチャルな商品」の購入ではあるが、ゲームのような「ヴァーチャル空間における消費行動」ではない。消費者はそれらの商品を鑑賞し感動しても、それは小説を読んだり絵を鑑賞するのと同じく、観客としてであり、ヴァーチャル空間で自身が経験をするのではない。このような意味でのヴァーチャルな世界と、それに対する消費行動は、(これもシンポジウム「リアリティの変容?」で論じられた如く)言語や絵が発生して以来、現在の映画やテレビドラマまで、時間消費の大きな分野として存在し発展してきた。鑑賞者としての消費では、電子化は表現の巾や接触機会は広げたが、「フィクションを楽しむ」という消費の本質は変えていない。映像や音響技術の高度化によって、「臨場感」が高まっていく事は事実であり、それはリアリティの一つの側面である。しかしそれはゲームのように実経験に結びつくのではなく、「フィクションのリアリティ」という情動的な満足に結びついているのである。しかもこのような現実の世界との関係における視覚的聴覚的写実性が唯一のリアリティの条件ではなく、能や音楽のような抽象的な表現に、強いリアリティを感じる場合があるのもまた事実なのである。この分野の消費では、消費者が観客として感動し、満足した時、「満足」のリアリティが存在するのであろう。

今一つ観客としての消費と参加する消費を統合する行動として、「ライブ」という消費形態がある。演劇や演奏あるいはイベントなどに参加する観客が、舞台の人々と一体になって一つの場を作りだし、一緒になって特有の価値を創造する。この場合の参加者は観客ではなく自分自身が主体的な経験価値を得ていると思われる。これはテレビやネットのようなヴァーチャルな作品を鑑賞する場合とは別の消費行動である。我々はテレビの旅行番組や、スポーツ中継によって、擬似的な経験を楽しむ事はあるが、その場合も完全な一体化による経験価値を持つわけではない。パリの街角を散策する時に感じる香り、スポーツで流す汗の快さ、家族揃っての食事のプラスの味わいを与えてくれるわけではない。しかし映像による多重の双方向性が完成し、ヴァーチャルなライブイベントや、メンバーがお互いの表情や反応を確かめ合いながらお喋りし合うネットコミュニティなどが実現すれば、ヴァーチャルなコラボレーションの消費が固有の経験価値を持つかもしれない。近年は消費者と企業の間にもこのようなコラボレーションの場による価値創造を重視する、関係性のマーケティングの主張が提起されており、ここにも消費のリアリティは存在し成長すると考えられる。

四、イメージとしての消費とリアリティ

消費は消費者と環境の交互作用であり、リアルな対象へのアクションとリアクションである。しかし「消費」が認識されるのは、その行動が自分にとってどのような意味を期待させるか、あるいは価値を実現させたかという「評価」がイメージされた時である。その意味で「消費」は物理的客観的な外部対象、例えば車や宝石の獲得や使用ではなく、生活における目的達成の「期待」と「満足」の認知である。実際もっともリアルであると思われる経験型消費においても、現在では「観光」や「グルメ」など物理的外界と結びついた経験以外の、例えば「ボンヤリと過す時間」「メールでの無駄話」「新しく覚えた料理への家族の賞賛」「創作活動の喜び」など、非物質的な経験が次第に多くなってきている。この視点に立つと、消費者にとっての「リアリティ」とは、生活での目的達成にとっての「期待」あるいは「実現」が実感出来る「状況」であり「イメージ」である。先に信頼性の基本条件として「実感」を挙げたが、これも外界の物質的存在に対する無差別な実感ではなく、ある生活上の関心や購買の意図を持って選択的に接触した対象についての実感こそ重要と考えられる。

現在の消費者行動論では、例えばエンジェル等の提唱しているEBMモデルのように、購買行動はまず消費者が自らの欲するコトを認知し、それを実現するための手段を得るために情報を探索し、（ある限界の中ではあるが）最適と

考える課題解決を行い、購買を行うと考えられている。特にエンゲル係数が二〇％を割り、消費における選択の自由度が高まった近年の消費者は、緊急度や計画性による消費よりも、非計画的で趣味嗜好的な消費のウエイトが高くなってきている。貧しい時代の消費者にとっては、今の生活を維持するための「冷蔵庫というモノ」にリアリティがあり、その上位にある「バランスのとれた食生活をしたい」、さらに上位の「健康でありたい」というニーズは特別な状況以外には意識されなかった。しかし現在の豊かな消費者にとっては、自分が求めている「生きざま」あるいは「特別に意識している価値（例えば自分らしさをアピールする）」を実現することによる「満足感」こそがリアリティなのである。この段階の消費者にとっては、経験することがリアルであるかヴァーチャルであるかは、問題ではない。それが自分の「求める経験」であり、「価値実現の実感（満足感）」があったかどうかが問題である。したがってサイバー空間の登場によって、従来のリアルな空間の役割が低下したり、二つの空間の間で葛藤が起こることは基本的に無いと考えられ、むしろこの二つの空間は、相互に影響し合って、より豊かな消費の場を可能にするものと期待される。

五、生活価値の構造と消費のリアリティ

ある消費者の「生きざま」や「特別に意識している価値」を決めるのは、幼児期からの生活経験の結果としての、様々な生活行動に対するイメージと価値評価の総合、あるいは価値意識の構造であると考えられる。したがって消費者にとってのリアリティとは自分の価値構造に合った価値が実現することであり、その構造は消費経験のフィードバックによって構築され、変化していくものと考えられる。

生活価値の構造としては、ライフスタイルと価値観の研究（日本では例えば飽戸弘の一連の研究）があり、近年ホルブルックは消費者の価値を「自己志向‐他者志向」「アクティブ‐リアクティブ」「外在的‐内在的」の三つの次元で

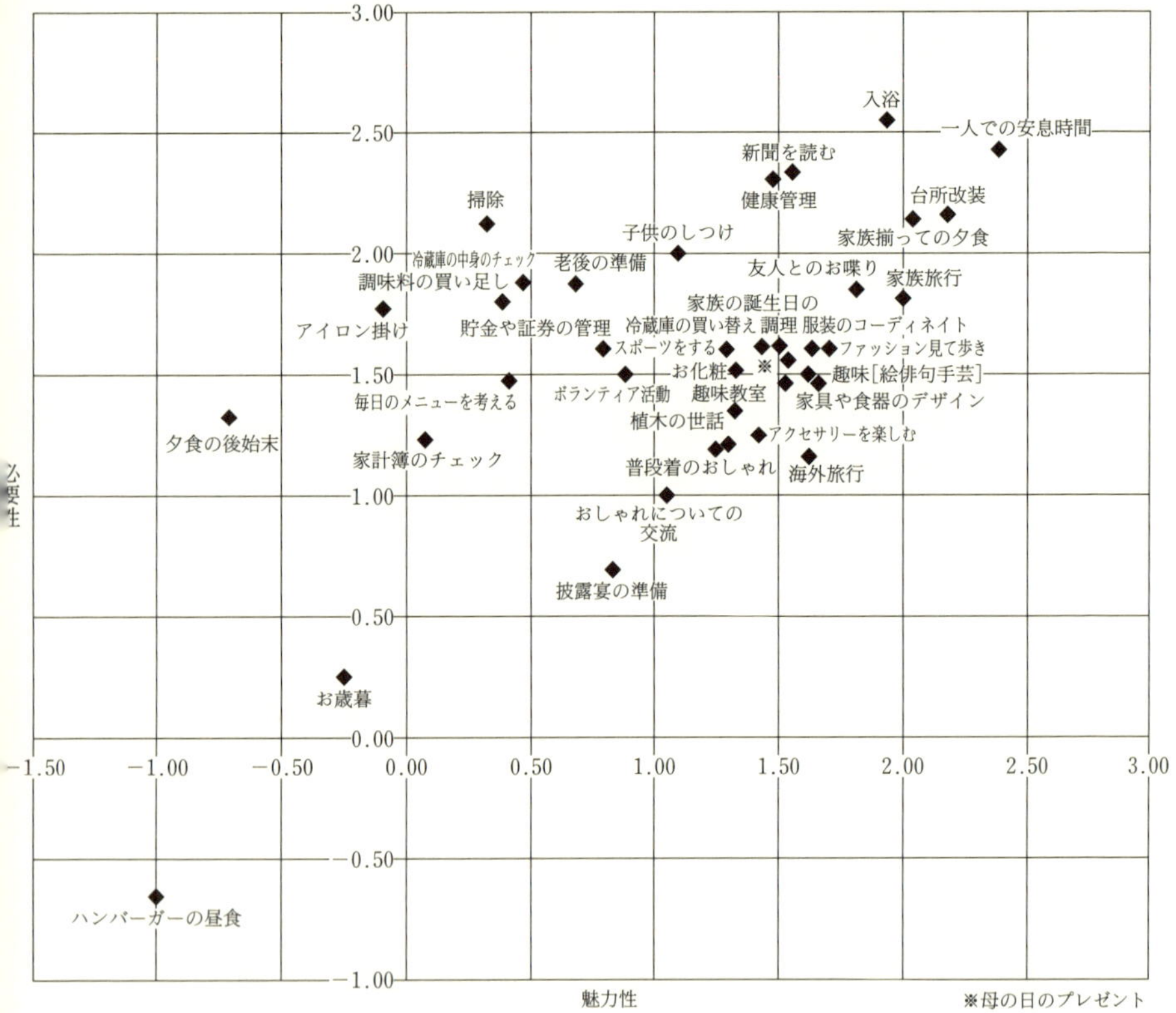

図2　生活行動の必要性と魅力性の評価による分布

考える事を提唱している。しかし消費行動や商品の価値の相対的な関係を端的に把握するには、小嶋外弘が商品評価の因子分析から提唱した、生活の必要条件を代表する「必要性」と充分条件を代表する「魅力性」の二要因による説明がより明快である。そこで団塊世代の主婦について、代表的な生活行動の価値を「必要性」と「魅力性」について、四段階尺度で測定し、その相対的な位置関係から、現在の消費の中核である団塊世代主婦の生活価値の構造を検討した。

必要性と魅力性の評価は〇・五九の相関があり、ある程度比例関係がある。図2においても、かなりの生活行動が対角線上に分布している。特に必要性・魅力性ともに一・五点のエリアには、現在の生活の中核を占めている項目が集中し、生活の基盤領域を示している（図2）。

必要性・魅力性がともに最も高い位置にある項目は、「一人での安息時間」「ゆったりと入浴」というユトリのある時間の過ごし方と、「家族揃っての夕食」「家族旅行」「友人との交流」という関係性の強化であり、「台所の改装」を除けば心理的経験的な満足が中心である。

これに対して掃除や家計簿などの日常家事は、必要ではあるが魅力の無いものと見られており、一方海外旅行やおしゃれは、必要性はやや低いが魅力的な項目と見られている。過去の常識では、必要性はリアリティに、魅力性は反リアリティに結びつくと考えられるが、現在の日本の主婦では、魅力のあるものは必要であるという考え方が強く、魅力のある消費の実現にリアリティを感じる傾向が強まっていると思われる（生活の成熟度が低いと考えられる一九六〇年頃の日本における調査や現在の中国での調査では、必要性と魅力性の評価の相関は低く、必要なものにリアリティを感じる傾向が見られている）。

六、消費の基本要素としてのカネと時間のリアリティについて

カネ（金）のリアリティについて

消費で支払われる対価として「カネ」あるいは貨幣は重要な要素である。貨幣は交換のツールであり、本来意味的な存在である。しかし米や貴金属などとの交換を保証する制度がとられたことと、富を代表する尺度として機能したため、モノに匹敵する強いリアリティを持つようになった。金本位制が廃止され、貨幣が単なる証票になっても、自動引き落としやカード決済によって、支払いが本来の記号的機能に復帰しても、購買力の原点として、富の尺度としての「カネ」のリアリティは強固なものがある。このリアリティを支えているのは、日常生活の中で貨幣が健全に機能し、消費者に「目的達成の満足」を与えている事実によるものと思われる。したがって一般の消費者は、未だ日常的でない電子マネーやよく知らない国の外貨には、不安感を持ち、それらに対するリアリティも低い。

第二に「カネ」のリアリティに影響する要素として「関心度」が考えられる。今月の生活費（フロー）は定期預金（ストック）よりリアリティが高く、返さなければならない借金はプラスの資産よりリアリティが高いと思われる。一般的な意味での消費には入らないが、「カネ」そのものを目的とする生活行動として、利殖がある。病気や災害に備える貯蓄は後に述べる将来消費に属するが、より直接的に資産の効果的な増殖を求めて、ハイリスク・ハイリターンの利殖行動を取る場合、生活における関心度の順位も極めて高くなり、目的意識と結果に対する期待感に比例して、リアリティも高くなると思われる。今後個人の収支や資産が電子情報によってリアルタイムで統合的に把握できるようになれば、カネに対する全体像やマネジメントイメージがリアリティを持つようになるかもしれない

第三に価格という消費の最も現実的な要素がある。購買は、消費者がある商品の価格にリアリティを感じた時に起

こるとも言える。消費者は自分の求める商品（効用）を出来るだけ安い価格で手に入れようと努力するが、サイモンが「限界合理性」として論じたように、現実には全ての情報を把握し理論的に検討し尽くして購買を決定出来るのではなく、限定された情報と時間の中で合理性を求めて、経験的な方略に基づいて行動している。また消費者は各商品についてほぼどれぐらいの価格帯のものを買うかという「値ごろ感」を持ち、一方生活でどの分野を優先して消費するかのデザインを持っている。したがって消費者が価格にリアリティ（妥当性）を感じるのは、自分の期待していた商品が期待していた価格帯で買えると感じたときである。小嶋外弘は主婦が支出について商品分野と価格帯によって九種類の心理的な財布を使い分けていることを実証している。

時間のリアリティ

生活の水準が高まった現在、生活における資源として「時間」は「カネ」以上に重要になってきている。必要なモノを購入し所有する消費から、自分の望む自由な行動を通じて、経験の価値、実現の満足を求める時代になり、時間を自分の望むように消費したい、そのためにより多くの自由な時間を得たいという願望が拡大してきた。

第一は時間そのもののリアリティである。時間は始まりにおいては日の出、日の入りを基準にした太陽の巡行で「時刻」と「時間」が意識されたものと思われる（江戸時代のような季節によって変動する時刻制度こそリアリティがあったとも言える）。その中で時刻は社会的な行動の規約として強いリアリティを獲得した。しかし時間の経過についての認知は、個人によっても違いがあり、「楽しい時間は早く経つ」とか「待たされる時間は長い」と言われるように、その間の刺激の量と質によっても大きく変化する。また行動中は時間経過にリアリティを感じないことも多いが、それも必要な作業に追われているとか、満足している（例えば遊びに熱中）とか、意識しないままの経過（例えば無為）、等の場合があり、終わった時に感じる満足感によって経過した時間のリアリティが遡及的に生じると考えられる。経過中に時間そのものにリアリティを感じるのは、一般的にプラス（例えば面白さ）よりもマイナス（例えば焦燥感）の方が影響力は強いようである。

　第二は求める時間のリアリティである。必要な仕事のための時間は論理的に決まるが、自分が自由に楽しむための時間は論理的には決まらない。この種の時間の価値は連続的に長時間になるほど逓増する。二時間の自由時間の価値は十分間の十二倍ではない。七日間の連続休暇の価値は一日の休暇の七倍より遙かに大きい。ただしこれも現実の可能性から外れてしまうとリアリティはなくなる。筆者等の調査によると、現在の団塊世代の主婦では、一日に五時間以上、一月に連続七日間以上の自由時間にはリアリティを感じない。

　第三は消費者にとってのリアルタイムの意味である。ネット空間は基本的にリアルタイムであるが、そのことは消費者にとっては意味は無い。普通の主婦にとってアメリカとの時差にリアリティを持って行動する事は非常に難しい。手紙やメールはむしろ非リアルタイムであることが有用なのである。前述の通り同時的対話の手段としては音声電話や携帯メールが高く評価されている。店頭販売の魅力や、エンターテインメントにおけるライブの魅力を考えても、消費者がリアリティを感じるのは「共存」と「交流」の場としてのリアルタイムであると思われる。したがってサイバー空間が「共存」と「交流」の場としての機能と表現力を備えた時、真に空間的制約を超えたリアルタイムな場が実現するであろう。

　第四は時間のパースペクティブについてのリアリティである。消費者は常に目の前の生活だけを考えて消費しているのではない。耐久消費財の購入などもその例であるが、さらに長期的な視点で、住宅の購入やリフォームなどの投資をしたり、個人老齢年金に加入したり、いわゆる将来消費を行なっている。そして自分の将来にわたる時間経過のリアリティがこのような行動を決定している。現在の六十五歳以上で、健常者として生活している人々の消費意識を調査してみると、約七五％の人は、現状に対する満足感が高く、「食」や「旅行」に対する関心は強いが、新しいことに挑戦する意欲や自分のアイデンティティを確立する意識は弱く、住環境を良くしていこうという投資意欲も低い。もちろん二五％の人はパソコンの利用やボランティアやファッションに関心を持ち、五十歳代と変わらない積極的な生活行動を実現しているのであるが、圧倒的多数の人々が、現状維持的で、縮小型の消費行動をとっていることは、平均して二十年以上にわたると考えられる六十五歳以降の生活に対して、ゆたかさの向上、楽しみ、生甲斐などに関する明確な目的意識とビジョンを持っていないからであると思われる。その原因は自分の将来像についての「リアリティ」不足である。高齢化時代を迎えて、一方では「死」や「老い」についての真剣な意識、他方では六十五歳からの生活像に「アイデンティティ」と「リアリティ」を持つことが個人にとっても日本の社会や経済にとっても重要な課題となってきているのではなかろうか。

註

本論に使用した、ネット購買に対する意識とメディアの信頼性に関する独自の調査は、吉田秀雄記念事業財団の助成によって行ったものであり、ここに記して謝意を表する。

参考文献

飽戸弘（編）『消費行動の社会心理学』福村出版、一九九四年。
小嶋外弘『新・消費者心理の研究』日本生産性本部、一九七二年。
小嶋外弘・根本則明『価値のマーチャンダイジング』ダイヤモンド社、一九八八年。

見田宗介『価値意識の理論』弘文堂、一九九八年。

根本則明「生活の分野に対する価値評価と情報源に対する価値評価」『広告科学』第四〇集、二〇〇〇年、日本広告学会、一三七－一四八頁。

根本則明「高齢者の生活意識」『甲南経営研究』第四一巻、第三・四号、二〇〇一年、一七三－一八八頁。

根本則明「生活価値の変化 III——中国と日本における主婦および学生の生活意識の差」『甲南経営研究』第四二巻、第一・二号、二〇〇一年、二五－四一頁。

杉本徹雄（編）『消費者理解のための心理学』福村出版、一九九七年。

嶋口充輝『顧客満足型マーケティングの構図』日本能率協会ＭＣ、一九九四年。

正田達夫「インターネット・ユーザーとノンユーザーの相違点」『広告科学』第四〇集、二〇〇〇年、日本広告学会、一九三－二〇二頁。

竹村和久（編）『消費行動の社会心理学』北大路書房、二〇〇〇年。

上田隆穂（編）『価格決定のマーケティング』有斐閣、一九九五年。

梅澤伸嘉『消費者ニーズの法則』ダイヤモンド社、一九九五年。

梅澤伸嘉『消費者は二度評価する』ダイヤモンド社、一九九七年。

山岸俊男『信頼の構造——こころと社会の進化ゲーム』東京大学出版会、一九九八年。

Engel, J. F., Blackwell, R. D. & Miniard, P. W., *Consumer Behavior*, Dryden Press, 1995.

Hoffman, D. L. & Novac, T. P., Marketing in Hypermedia Computer-Mediated Environments : Conceptual Foundations, *Journal of marketing*, 60, pp. 50-68, 1996.

Holbrook, M. B., *Consumer Value : A Framework for Analysis and Research*, Routledge, 1999.

Patricia Wallace, *The Psychology of Internet*, U. K., Cambridge University Press, 1999.

Simon, H. A., *Reason in Human Affairs*, Stanford University Press, 1983.

編者あとがき――「世界」の波動を受容する器としての心身

まえがきにも書いたように、現在、電子メディアがとどまるところを知らぬ勢いで増殖している。人間の棲むリアリティが根本的に変質しつつあるように見える。本書は、「本当にリアリティは根本的に変質しつつあるのか」という問題意識から編集されている。ただ、本書は一見さまざまな分野の論考が脈絡なしに並んでいるという印象を与えるかもしれないので、ここで、引用のコラージュに近い形で簡単に全体的な見取り図を示し、各論考に通底するものを指摘してみたい。

グローバル・ブレイン

一九七〇年代、情報社会の到来が叫ばれ始め、パソコンが登場した。一九八二年には、ピーター・ラッセル『グローバル ブレイン』の原著が出版され、八五年に翻訳された。ピーター・ラッセルはそこで、コミュニケーションのネットワークが地球規模で形成されつつある事態について、次のように述べている――

〔……〕全地球的なコミュニケーションが、ますます複雑になるにつれ、社会は地球の神経系に次第に似はじめている。グローバル・ブレイン（地球脳）が活動し始めているのだ。〔……〕われわれは、もはや自分が孤立した個人であるとは感じなくなり、自らが、急速に統合するグローバル・ネットワーク、すなわち、目覚めたグローバル・ブレインの神経細胞の一部であることを知ることになるだろう。(1)

――ピーター・ラッセルはここで、単に地球の神経系と人間の神経系との間にアナロジーを見ているだけではない。人間が「急速に統合するグローバル・ネットワーク、すなわち、目覚めたグローバル・ブレインの神経細胞の一部である」事態を予言しているのだ。このことは、コンピュータのみならず、人間そのものが地球脳の神経系の端末と化すということを意味している。その後、このようなグローバル・ブレインのイメージはますます一般化しつつあるといえるだろう。

例えば、立花隆は一九九七年にピーター・ラッセルのコンセプトをそのまま使って『インターネットはグローバル・ブレイン』（講談社）という本を書き、ピーター・ラッセルの予言が実現しつつあることを熱っぽく語っている。情報学に関する良質な議論の中にも、「グローバル・ブレイン」的イメージが思わず紛れ込むことがある。日本の代表的な情報学者である西垣通は、『こころの情報学』の終わり近くで次のように書く――

〔……〕さらには、「ヒトの心」自体がいわば、機械情報を処理する巨大なコンピュータ・ネットワークの要素になるといった事態も考えられます。そのとき、ヒトの脳神経系はデジタル機器とむすばれ、一種のサイバースペース（電脳空間）を構成するでしょう。(2)

――ここにはやはり、「ヒトの心」自体、ヒトの脳神経系自体が「巨大なコンピュータ・ネットワーク」と直接につながるという「グローバル・ブレイン」的イメージが見え隠れしている。もちろん、西垣はそのような単純な議論に終始するわけではないが、その点については後に触れる。

このようなイメージは、今や文学者をも虜にする。田口ランディは小説『モザイク』で、ネットワーク自体が「集合自我」として身体化するというイメージを描いている――

携帯電話を長期にわたって使用することであなたは解体します。解体した自我は携帯電話のネットワークによって集合化し、新たな集合自我を形成します。(3)

高度に発達したネットワークは身体化する。そのときに、共鳴的な人々は身体化したネットワークを通して、世界とシンクロし始める。世界レベルの共鳴現象が起こり、彼らは世界を浄化する。(4)

個人の身体の限界を越えてネットワークの中を自在に遊泳するイメージは、ドゥルーズ＝ガタリ的「遊牧民」感覚を触発する。黒崎政男は、初めて携帯電話を使ったときの経験を次のように述懐している――

最初に感じた一番大きな点。それは、従来の電話が場所に属しているのに対して、携帯電話は人に属しているということ。〔……〕

重要な連絡を待っているとき、これまでなら電話のある場所から動けなかったわけだが、携帯を持った私はどこにいてもいいのである。世界と安定した接触を保ちながら、私は常に遊牧民でありえるわけだ。世界に隷属するのでは、という最初の予想に反して、私が感じたのは、場所という重力からの解放感だったのである。(5)

こうして重力から解放された身体は更に、身体の交換可能性のイメージをさえ喚起する。ポール・ヴィリリオは、人工知能研究者エリック・ギュリックセンの次のような言葉を引用している——

私たちが物理世界で持っているような肉体で、サイバー空間を満たすことは必要ないのです。今後、唯一不変の肉体というパッケージは、交換可能な肉体という概念に取って代わるでしょう。(6)

無重力空間を遊泳する非物質化した身体からネットワークを通して発せられるメッセージは、もはや特定の個人のものではない。ネットワークにおける匿名性の魅惑と危険が語られる。日本でそのようなネットワークの匿名性の特性を極端に体現してきたのが、「2ちゃんねる」だった。「2ちゃんねる」の当事者は次のように語る——

恐らく、一般的な社会の常識人が「2ちゃんねる」に対して感じる不気味さの正体とは、必ずしもその発言の無責任性なのではなく、匿名による「発言主体の茫洋とした曖昧さ」や、発言に際してその曖昧さを選択できるシステムそのものではないか。(7)

こうして匿名で交換可能な人間主体というイメージが増殖しつつあるのだが、では、その裏で人間の身体性は本当に消滅しつつあるのか。

私のゼミの学生が、友人と話している最中にその友人に携帯電話がかかってきた時の感覚を、次のように述べている——「今まで自分と相手とで共有していた空間が、急に知らない他人どうしの空間にすりかわってしまったかのような感覚に陥る」というのである。この違和感——生身の身体が占める現実空間と、一見非物質的な身体が突如立ち現れてくるかのような仮想空間との間の「ずれ」の感覚を放棄しないことが肝要なのではないか。

スラヴォイ・ジジェクは、現実が仮想的なものであることを認めつつ、現実と仮想的なものとの間に常に「ずれ」が介在すると指摘する——

〔……〕つまり、現実の仮想化は、つねに仮想化に抵抗する現実の、排泄物のような残余を生むということだ。(8)

——現実がどのように仮想化されようと、仮想化に抵抗する身体性が常に存在している。

「学習アルゴリズム」

シェリー・タークルは、一九八〇年代に、多数の学習アルゴリズムから成る創発的人工知能の開発が目指されたことを指摘し、その後、コンピュータと人間との境界線の位置が、思考から感情を経て生物学的生命の領域へと移行してきたという。確かに、創発的人工知能も学習し思考する、人間の感情も精神薬理学の進歩によって機械的に制御可能となる、人間とマシンとの残された境界線は生命的身体性である、というわけだ——

今、人々はどちらかというと、生物学を引き合いに出すことで自分たちとマシンを区別する。私たちの身体とDNAが、新しく砂に引かれた線になろうとしている。(9)

だが、論理演算のレベルで人間の脳をはるかに凌駕するコンピュータが実在しているのは事実だが、人間の脳の真の学習・思考と同じことを行う人工脳の開発は可能なのか。地球の神経系と人間の神経系の融合が進行するだろうというピーター・ラッセルの予言に共感した立花隆は、先に挙げた『インターネットはグローバル・ブレイン』の中でビル・ゲイツと対談し(一九九六年十二月)、人間の脳と同じように進化する人工脳の可能性をビル・ゲイツに語っているが、ビル・ゲイツに次のように一蹴されている——

ゲイツ〔……〕現在にいたるまで、人工知能に関しては突破口が見いだされていません。コンピュータのメカニズムやハードウェアの問題ではなく、むしろアルゴリズムの欠如がその原因なのです。「学習」とははたしてどのような機能なのか。どうやって生物の進化に匹敵するような信じられないほど多くのパターンから機能を実現したらいいのか。(10)

——実際にコンピュータ・ソフトの開発に携わる現実主義者のビル・ゲイツは、学習というレベルにおいてさえ、生物の進化に相当する進化論的学習アルゴリズムの可能性については懐疑的である。

ましてや、人間の感情が薬によって機械的に制御可能なほど単純なものでないことは言うまでもない。この点で、「パソコンは自伝的記憶に乏しい」（本書一六八頁。以下、本書からの引用の際は頁数のみ記す）という名取の指摘は重要だ。人間の自伝的記憶は単なる機械的記憶ではなく、一つのきっかけで感情によって特定の色に染め上げられる可能性を孕んでいる。ジョン・コートルは、次のように記憶の可塑性を指摘する——

〔若い主婦が、夫の二人の女性との浮気を知るようになって〕新たな事実が明らかになるたびに、彼女は以前にもまして驚きを禁じ得なかった。「どうして何も気づかなかったのかしら？」と、思わずつぶやいた。生活がどうして苦しかったのか、夫がなぜ妙によそよそしかったのか、どうしてしょっちゅう家をあけるのか、このときになってようやくその理由が理解できた。彼女の記憶がもつ意味は変化した。ほんのちょっとしたしぐさが途方もなく大きな意味をもつようになり、何気ない一言が何かを暗示させるものとなった。記憶にしみついた感情も、また、変化した。かつては約束を意味した言葉が、今や、裏切りの象徴となった。些細なこと——いつも「そこ」にあったのに、全く気づかずにいたらしい事がら——が新たに頭に浮かんできさえした。こうした体験を見ると、記憶は本質的に再構成されるものであること、現在のできごとによって過去の記憶が百八十度変化するものであることは、ほとんど疑いの余地がない(11)。

――コートルがここで挙げている例は、記憶の激変の例としてはまだしも穏やかなものだ。トラウマ的出来事の際には、もっと激越な記憶・知覚の変容が生じる。メダルト・ボスが描写しているように、人間においては、不安という情調が、「身体の内部においても、喉が詰まり、心臓が痙攣し、激しい腸や膀胱の収縮によって身体の最奥部さえもがレモンのように絞り出される」(六三頁)というような激越な身体性の変化を惹き起こすことさえもある。コンピュータの場合、一つのきっかけでコンピュータのメモリーや部位がこのように激変してしまうようでは、コンピュータの役割は果たせないだろう。

「世界が世界化すること」

こうして、リアリティという問題系の中心には、「情調を伴った身体性」の問題があることになるだろう。斧谷から引用しよう――

> ハイデガーの『存在と時間』によれば、人間は「現に〔ここに〕」(Da)という場所に既に投げ込まれているという意味で「現‐存在」(Da-sein)である。人間は「現に」という場所に既に居る「自らを見出す」(sich befinden)ことになる。「現に」という場所、ある状況の中に既に居る「自らを見出す」ということが、「情態性」(Befindlichkeit)である。ハイデガーは、「不安」を「根本情態性」(Grundbefindlichkeit)と呼ぶ」(五三頁)。

この「世界」では、「身体性~根本情調性」の極同士が「相即」という関係にあるのだから、身体の置かれた客観的世界と、情調の生起する主観とは、やはり「相即」という関係にあることになり、主客の区別はできるが、主客を切り離すことはできない。人間という現存在においては、客体と主体、身体と情調、物質と精神は通じ合っている（六三頁）。

ハイデガーによれば、人間が棲む「現に〔ここに〕」(Da) という場所において「世界」の「世界性」が開かれ、「世界が世界化すること〔世界が世界として本質現成すること〕(das Welten der Welt)[12]」が生起する。[13] 人間という「世界‐内‐存在」にとって、「世界」は「世界が世界化すること」という動詞的な形でしか生起しない。人間にとっての「世界」は物理的な実体としてあるのではなく、「世界が世界化すること」という運動、「近さが近づくこと (das Nähern der Nähe)[14]」という運動としてある。後期ハイデガーは、古代ギリシアの哲学者ヘラクレイトスの断片「ピュシスは隠れることを好む」を引用するのである。[15] だからこそ、ハイデガーによれば、「ピュシス」(自然《じねん》) こそ、「世界が世界化する」絶えざる運動である。このことが、KOSUGI＋ANDOの言う「『リアリティ（現実感）』への奇妙な、近づきがたさ」(四頁) を惹き起こすのである。

「身体性～根本情調性」の器としての人間は、寄せては返す「世界」の波動、立ち出でつつ隠れるピュシスの波動を受容し変換する器である。しかし、その器が受容し変換するものは、いわゆる「情報」に尽きるものではない。というより、いわゆる「情報」はピュシスの波動の一部を固定化したものでしかない。ピュシスの波動は、文字通り「隠れることを好む」。人間の棲む「世界」からの波動は、五感への波動、重力、気象、食品、環境ホルモン、無意識の波動、幼時の記憶、胎内の記憶、太古の記憶、天体からの波動等々、無数のものから構成されている。例えば、匂いについては、匂いとして感知できない匂い（フェロモン）を感知する鋤鼻《じょび》器官が爬虫類のみならず、人間にも備わっているそうだが、その研究はほとんどなされていない。二〇Hz以下の不可聴音域を伝える「骨伝導」の研究を稲垣が紹介しているが（三八‐三九頁）、「世界」の波動は、その大部分はいまだによく分かっていない。現在では、過去になかったサイバースペースから流れてくる波動も加わってくる。

「身体性〜根本情調性」の器としての人間の只中で、「世界が世界化すること」、「近さが近づくこと」において何が生起しているかは、結局、ほとんど「ブラックボックス」の状態である。アメリカ行動主義の意味においてではなく、現在の科学の水準ではほとんど分かっていないという意味において「ブラックボックス」なのである。

すると、北山が「インヴァイロンメント（環境）という言葉が、抱える、包むというインヴェロップという言葉と同じような意味合いを持っている」（一一〇頁）と語っているように、人間を「インヴェロップする（抱える、包む）」環境世界（Umwelt）からどのようなエネルギー波動が「身体性〜根本情調性」の器としての人間の中へ流れ込んでいるかについて、我々は謙虚でなければならないだろう。ＫＯＳＵＧＩ＋ＡＮＤＯが「一つの繋ぎ止める〈誰でもない身体〉があることで、人は多様なリアリティを持つことができ、可塑的で可能性に満ちた私であることができるのではないだろうか」（一五頁）と述べる時、〈誰でもない身体〉という言い方は、環境世界から流れ込んでくるエネルギー波動に対する謙虚で注意深い姿勢を名指しているだろう。イマジネーションを働かせるためには、インフォメーションの騒音から自由になれる「空《から》の空間」を持つことが必要となるという名取の指摘（一七二頁）も、「世界 - 内 - 存在」としての人間に要請される「世界」への注意深さのことを目しているだろう。

「用立てられ得るもの」の近さ

「ピュシスが（動詞的に）本質現成《げんじょう》すること（das Wesen）[16]」の絶えざる運動、「世界が世界化すること」の絶えざる運動、環境世界から人間という器に流れ込んでくるエネルギーの絶えざる運動は、固定し特定することが難しい。「ピュシスは隠れることを好む」からである。そこで、ピュシスの絶えざる運動をテクノロジーによって固定化・特定化することが要請されてくる。ここから、ハイデガーの言う技術の本質である「組み - 立て」（Ge-Stell）が発生してくる――組み - 立てはすべてのものを、用立てられ得るもの(das Bestellbare)というこのような同じものへ向かって立てる(stellen)

〔……〕[17]。

ピュシスの動きの一局面がこのように「組み－立て」として固定化されると、その固定化された局面はいつでも「用立てられ得るもの」として繰り返し用立てることができる。こうして「あらゆる現実的なものが、同じ形をして懸隔のないものの中へと近寄ってくる」[18]。現在サイバースペースで生じている事態は、ハイデガー的に言えば、あらゆるものが二進数化され、「用立てられ得るもの」、「同じ形をして懸隔のないもの」として近寄ってくるいう事態である。

しかし、ハイデガーは言う――「あらゆる隔たりを性急に除去してみても、近さはもたらされない」[19]。なぜなら、「近さ」の本質は、「用立てられ得るもの」が物理的に近くにあるという実体的な事柄ではなく、「近さが近づくこと」という運動、立ち出でつつ隠れるピュシスの運動であるからである。地球規模のサイバースペースによる距離の除去は、ピュシスの波動の末端の一部を固定化した「用立てられ得るもの」の物理的な近さによって成立している。

西垣は「リアルスペースのなかの、流動的な身体をいったん凝固させ、環境世界からの情報的側面の切り出し方を固定することで、はじめてサイバースペースの構築が可能になる」と述べ、リアルスペースから切り離されたサイバースペースは「退縮した空間」であることを指摘する。[20]このような、「近さが近づく」という運動ではない、「用立てられ得るもの」から成り立つ「退縮した空間」が至るところに立ち現れる。

鷲田は「テレビ・ゲームは、イマジネーション（想像）よりも先にイメージの画像を送ってくるので、欲望自体が先に萎えてしまうということがある」、「イマジネーション自体が腰砕けになる」（一二四頁）と指摘する。そのような場合、イメージ画像という「用立てられ得るもの」がイマジネーションの前に立ちはだかるのだ。

稲垣は、我々が音を聞く時、「視覚がもたらす表象の音」（三五頁）を聞いてしまうと言う。そのような時、我々には「空間的・時間的に響く音そのものが必要なのではなく、必要なのは音のイメージなのだ」（三七頁）。デジタル技術は、音の記号化への方向性を加速させる――「ATRAC（MDで採用されているコーデック）やMP3のように音声データの圧縮率の高いデジタル・コーデックが普及するのは、情報量を減らすために聞こえない音は無視することができるという前提による」（四〇頁）。

大橋力の指摘によると、二〇kHz以上の超音波をカットしない音を聴かせた場合、α波が非常にたくさん出るそうだ。都市と自然でも音が違うという。東京の道路沿いの音が一〇kHz以下に限られるのに対して、パナマとかインドネシアの森の音は音域が非常に広く、五〇kHzに及ぶことがある[21]。そのような不可聴音域が人間にどういう効果を与えるかは、現在の科学では十分に分かっていない。

西村は、同調の遊びがフォーマット化していく事態を指摘する――「趣向を介して成立する遊びも、メディア上でフォーマット化された関係へと統御されていく」（一四〇頁）。西村が「断片の趣向の快楽」（一四一頁）、「おたがいが声や文字によって同調しあうことで『つながっている』ことを確認しあい応答しあうチューニングの遊び」（一四八頁）と呼ぶものも、「世界」の波動から断片として切り取られた「用立てられ得るもの」の物理的な「近さ」による同調の遊びである。

名取によれば、「双方向の、自己身体をさらしたコミュニケーションによって培われるものが置き去りにされ」（一七〇頁）ると、「現実とガラス越しに接触しつつ、こちらは向こうから見られていない、という構造がサングラス自我を形成する基礎となっている」（一六五頁）という事態が生じてしまう。ここでは、「サングラス」という「ガラス」によって「世界」の波動が遮断されてしまうのだ。

根本は「現在のところ主婦はネット環境をヴァーチャルな『情報』のツールとして意識し、『購買の場』としての『リアリティ』は感じていない」ことの主な要因が「実感‐リアリティ」の欠如にある、と指摘している（一八二‐一八三頁）。逆に、「『商品の実物』が『ショールーム』とともに高い信頼性を得ている」（一八五頁）のは、そのような実際の場においては購買者がその場から放散されてくる波動を受け止め、ある種の「勘」を働かせることができるからだろう。

「世界が近づくこと」

ハイデガーは、物が、「用立てられ得るもの」としてではなく、物そのものとして本質的に存在する時、「世界が近づく」と言う――

物が物として本質現成すること（Dingen）は、世界が近づくことである。近づくことが近さの本質である。[22]

例えば音について言えば、稲垣が言うように、音を記号として聞くのではなく、「空気や物体が振動し、刻々と変化するその波動に身をゆだね、身体もその波動に共鳴し振動するのを知覚しながら、全身で時間と空間を体験すること」（四二頁）が必要だろう。その時、音が音として本質現成し、真の音の「世界」が近づいてくるだろう。

鷲田は、家の「佇まい」を全身で感受する様子を次のように描写する――「そういう家の『佇まい』が与える印象というのは、畳とか壁土とかから漂ってくる匂いであったり、木材とか石といった建材の感触であったり、あるいは屋根と壁の角度であったり、そういうものの複合的な効果としてあるわけです」（一一九頁）。もちろん「世界」からやってくる波動には危険なものもあるわけだが、そのような危険を直観的に察知する感覚を鷲田は「塩梅」「勘」「潮時」と呼び、これは「古いものとの関わりのなかで人々が磨いてきた身体感覚」（一二六頁）だとする。

名取は、「無意識はイメージを使って自らを表現するので、イマジネーションを通して無意識とコミュニケーションを進めていくことが重要になる」（一六二頁）と述べる。無意識から送られてくるイメージは、デジタル処理された「用立てられ得るもの」としてのイメージではあり得ず、時には劇的に変容していく生きたイメージであり、「身体性〜根本情調性」の器において感受するしかないものだろう。

「身体性〜根本情調性」の器が「世界」からの波動を受容し変換する際には、危険な波動に対して鷲田の言う「塩梅」「勘」「潮時」のような感覚を働かせなくてはならない。「身体性〜根本情調性」の器の強度・柔軟性が死活問題となる。

川田が指摘するように、均質化し他者性が喪失したように見える現代にあっては、幼児が「文化の象徴秩序」に組み込まれる際に棄却された「前-対象」としての「母なるもの」が「おぞましくも魅惑的なもの」として求められるということも生じるだろう（八〇-八二頁、八七-八八頁）。

その際にも、先ほど述べた「身体性〜根本情調性」の器の強度・柔軟性が命運を決するだろう。人間という器の強度・柔軟性を生み出す決定的な要素として、北山は胎内の「血のつながり」（九七頁、一〇一頁）から、お乳を飲み排泄を世話してもらう段階を経て、「通じ合う」レベルの言葉（九七-九八頁）が生まれてくる経緯について語る——「臍帯の静脈的関係と動脈的関係、栄養分が欲しい関係と排泄する関係、それが言語に置き換えられて、言語として象徴化されて、言語としてその本人によって表現されるようになっていく。このプロセスは、フォルト／ダーではじめて始まったわけではない。それ以前にお母さんとの関係は、与えられる関係と投げて受け取ってもらう関係の連続です」（一〇一頁）。このような「血のつながりから世界の言語を介したつながりへと移行」（一一二頁）することを基盤にしてこそ、「身体性〜根本情調性」の器の強度・柔軟性が生まれてくるだろう。

西村が、「企て」か、同調の「遊び」かを見わける「メタ・コミュニケーション」（一三三-一三四頁）と呼ぶ感覚も、「けっしてフォーマット化されない世界の奥行きにむかって手探りで」（一五一頁）身につけていくしかないある種の心身感覚である。

確かに、「世界」から及んでくる波動は加速度的に多様化しつつある。現代では、消費行動という場面でも、根本が指摘するように、単なる「必要性」のリアリティではなく、「魅力性」のリアリティの波動を考慮せざるを得ないし（一九一頁）、「死」や「老い」の波動をどのように受容するかという問題が重要になってきた（一九五頁）。

それにもかかわらず、西村も指摘するように、我々は「身近にひとの死を経験することがなくなった」（一三五頁）。川田は、フロイトを援用しつつ、「生の本能」と「死の本能」のつながりを指摘しているが（七六-七八頁）、人間存在が単に物理的に「息絶える」ものではなく、「死の許に存在すること」（五五－五六頁）である限り、「生」に波及してくる「死」の波動をいかに受容し変換するかが問題となる。ゲームにおける「死」は「用立てられ得るもの」としての死であり、「死」の「世界」そのものではない。「身近に死を経験すること」こそ、「死という」事象において「世界」の波動を受容することである。ほとんど不可視となってしまった「死」そのものの波動をいかに経験するか――このことが現代の焦眉の課題となっている。

「全体論」

「ヴァーチャル（virtual）」という英語は「仮想の」「実質上の」という相矛盾し合うように思える意味を持っている。人間が太古以来、生《き》の自然ではなく、加工された人為的自然の中に棲み込んできたことを考えると、人間は一貫して、生《き》の自然のレベルから見れば「仮想の」リアリティ、人為的自然のレベルから見れば「実質上の」リアリティ、つまり、まさしく「ヴァーチャル・リアリティ」の中に棲み込んできた、と言えるだろう。そうだとしても、人間はこれまで、そのような「仮想の」リアリティ＝「実質上の」リアリティに及んでくる生《き》の自然の波動を忘れることはなかった。「世界」の波動を受容し変換する器としての人間の心身それ自体が、生《き》の自然と人為的自然との融合したものであるからである。

ところが現在、電子メディアの増殖によって、二進数化・フォーマット化され「用立てられ得るもの」と化した「情報」の波動が異常に昂進しつつあり、地球規模の「情報」の波動（人為的自然の末端の波動）が「世界」そのものの波動であるかのような錯覚が生じつつある。その時、「世界」は「世界が世界化する」運動としてではなく、二進数化・「情報」化された物理的な「世界」として立ち現れてくるだろう。

サイバースペースからの波動が加速度的に増大していく今日だからこそ、「死」の波動をも含めて、「世界」からの無数の計り知れない波動を受け止めてきた太古以来の「聖なる」（holy）「全体論的な」（holistic）智慧が見直されねばならない時期に来ている。

＊

本書の成立は、多数の方々の力によって支えられている。ご繁忙中にもかかわらず、研究会、シンポジウム、インタビュー、原稿執筆にご協力いただいた方々に心から御礼申し上げる。シンポジウム実現に際しては、甲南大学人間科学科・川田都樹子助教授の格別なご助力があったことを記し、改めて感謝の意を表したい。それらのプロセスを裏方として支えてくれた甲南大学学術フロンティア共同研究プロジェクトの博士研究員の皆さん、殊に本書を中心的に担当してもらった青山勝氏にありがとうと言いたい。期限に迫られながらの編集作業を進めていただいた新曜社の津田敏之氏にも厚く御礼申し上げる。

斧谷　彌守一

註

（1）ピーター・ラッセル『グローバル　ブレイン』吉福伸逸・鶴田栄作・菅靖彦訳、工作舎、一九八五年、一二七頁。
（2）西垣通『こころの情報学』ちくま新書、一九九九年、一八二－一八三頁。

(3) 田口ランディ『モザイク』幻冬舎、二〇〇一年、一一九頁。
(4) 田口ランディ『モザイク』二六一頁。
(5) 黒崎政男『情報の空間学』NTT出版、一九九九年、三二一-三二三頁。
(6) ポール・ヴィリリオ『情報エネルギー化社会——現実空間の解体と速度が作り出す空間』土屋進訳、新評論、二〇〇二年、二〇六頁。
(7) 井上トシユキ+神宮前.org『2ちゃんねる宣言』文芸春秋、二〇〇一年、一六〇頁。
(8) スラヴォイ・ジジェク『仮想化しきれない残余』松浦俊輔訳、青土社、一九九七年、二九六頁。
(9) シェリー・タークル『接続された心——インターネット時代のアイデンティティ』日暮雅通訳、早川書房、一九九八年、一九七頁。
(10) 立花隆『インターネットはグローバル・ブレイン』講談社、一九九七年、三五四頁。
(11) ジョン・コートル『記憶は嘘をつく』石山鈴子訳、講談社、一九九七年、九九-一〇〇頁。
(12) Martin Heidegger, *Aletheia* (1943), in *Vorträge und Aufsätze*, Pfullingen, 1985, S. 267.
(13) 拙論「アレーテイア——『光』を支える『光』」、『甲南大学紀要——文学編』(一二二号、人間科学特集、二〇〇二年)を参照。
(14) Martin Heidegger, *Das Ding* (1951), in *Vorträge und Aufsätze*, S. 173f.
(15) 拙論「アレーテイア——『光』を支える『光』」を参照。
(16) Martin Heidegger, *Aletheia*, S. 263.
(17) Martin Heidegger, *Einblick in das was ist*, *Bremer Vorträge* (1949), in *Gesamtausgabe*, Bd. 79, *Bremer und Freiburger Vorträge*, Frankfurt a. M., 1994, S. 33.
(18) Martin Heidegger, *Einblick in das was ist*, S. 44f.
(19) Martin Heidegger, *Das Ding*, S. 157.
(20) 西垣通『IT革命——ネット社会のゆくえ』岩波新書、二〇〇一年、一六四頁。
(21) 大橋力「自然環境と人工環境」、原島博／廣瀬通孝／下條信輔編『仮想現実学への序曲』共立出版、一九九六年。
(22) Martin Heidegger, *Das Ding*, S. 173.

北山修（きたやま・おさむ）
1946年生。京都府立医科大学卒。北山医院（現南青山心理相談室）院長。九州大学大学院人間環境学研究院、医学研究院教授。専門は精神分析学。著書に『精神分析理論と臨床』（誠信書房）、『幻滅論』（みすず書房）、『自分と居場所』（岩崎学術出版社）など。

鷲田清一（わしだ・きよかず）
1949年生。京都大学大学院文学研究科博士課程修了。大阪大学大学院文学研究科教授。専門は哲学・倫理学。著書に『「聴く」ことの力』（TBSブリタニカ）、『モードの迷宮』（ちくま学芸文庫）、『顔の現象学』（講談社学術文庫）など。

西村清和（にしむら・きよかず）
1948年生。東京大学大学院人文科学研究科博士課程単位修得中退。埼玉大学教養学部教授。専門は美学。著書に『電脳遊戯の少年少女たち』、『視線の物語・写真の哲学』（以上、講談社）、『フィクションの美学』、『遊びの現象学』（以上、勁草書房）など。

名取琢自（なとり・たくじ）
京都大学教育学部大学院博士課程単位取得認定退学。京都文教大学人間学部助教授。専門は深層臨床心理学。著書に『心理療法と現代社会（講座心理療法8）』（共著、岩波書店）、『心理療法の実際5 境界例・重症例の心理臨床』（共著、金子書房）など。

根本則明（ねもと・のりあき）
1934年生。京都大学文学部大学院博士課程修了、修士（心理学）。甲南大学経営学部教授。専門は消費者心理学、広告科学。著書に『価値のマーチャンダイジング』（共著、ダイヤモンド社）など。

執筆者略歴（論文掲載順）

KOSUGI＋ANDO

1983年から現代美術コラボレーション・ユニットとして活動を始める。国内外でインスタレーション、メディア・アート作品を発表。近年は展覧会企画にも携わる。

・小杉美穂子（こすぎ・みほこ）1953年生。京都精華短期大学美術学部卒。大阪成蹊大学芸術学部他で、非常勤講師。

・安藤泰彦（あんどう・やすひこ）1953年生。京都市芸術大学美術学部卒。大阪成蹊大学芸術学部映像メディア表現領域助教授。

稲垣貴士（いながき・たかし）

1957年生。九州芸術工科大学大学院芸術工学研究科修士課程修了。京都造形芸術大学情報デザイン学科助教授。専門は映像・メディアアート。松本俊夫、伊藤高志、田名網敬一らの映像作品のサウンドを手掛ける。

斧谷彌守一（よきたに・やすいち）

編者略歴欄（奥付頁）に記載

川田都樹子（かわた・ときこ）

1962年生。大阪大学文学部大学院博士課程修了。博士（文学）。甲南大学文学部人間科学科助教授。専門は美学・芸術学。著書に『芸術理論の現在』（共著、東信堂）、『懐徳堂ライブラリー・文化と批評』（共著、和泉書院）など。

刊行の辞

《心の危機と臨床の知》（全4冊）は、文部科学省の学術フロンティア推進事業に採択された共同研究プロジェクト「現代人のメンタリティに関する総合的研究——心の危機の臨床心理学的・現代思想的研究」（平成10－14年度）の研究成果をまとめたものである。甲南大学の人間科学科では、現代思想と臨床心理学の連携という理念のもとに研究・教育を行ってきたが、本プロジェクトはその理念を発展させ、大学院人間科学専攻とカウンセリングセンターの共同研究事業として構想されたものである。

哲学思想、文学思想、芸術思想等の人文科学と、精神分析に源を持つ臨床心理学とは、相互に密接に関係しながら20世紀を歩んできた。21世紀を迎えて、近代化のひずみが極大にまで達し、心の危機があらゆる領域で深刻化する現在、もう一度原点に立ち返り、現代思想と臨床心理学の緊密な連携によって、危機の本質を見極めねばならないと考えるものである。この基本理念に基づき、本共同研究プロジェクトが行ってきた研究会および4回にわたるシンポジウムでは、各テーマの追究とともに、現代思想と臨床心理学の対話が試みられてきた。それらの成果を踏まえ、シンポジウムの参加メンバーを中心として編まれたのが、今回発行する『トラウマの表象と主体』『現代人と母性』『リアリティの変容？』『心理療法』の4冊である。

《心の危機と臨床の知》の各巻は広く一般に読まれることを目指し、独立したアンソロジーとしてのまとまりを重視して編まれたため、研究成果の全体を網羅したものではない。開催された研究会やシンポジウムの詳細、「現代の子育て」に関する調査研究、プロジェクトの重要な部分を占めていた甲南大学カウンセリングセンターの諸活動などについては、平成11年度より発行した研究紀要『心の危機と臨床の知』（Vol. 1-4）を参照されたい。

本書は上記の研究報告書（1993年3月・非売品）をもとに制作・刊行された

編者略歴

斧谷 彌守一　（よきたに・やすいち）

1945年生。京都大学大学院文学研究科修士課程修了。甲南大学文学部人間科学科教授。専門は言語論、文学論。著書に『言葉の二十世紀』（ちくま学芸文庫）、訳書に『照らし出された戦後ドイツ』（共訳、人文書院）など。

新曜社

リアリティの変容《へんよう》？

身体／メディア／イメージ

初版第1刷発行　2003年5月31日

編　者　斧谷 彌守一 ©

発行者　堀 江　洪

発行所　株式会社 新曜社

〒101-0051 東京都千代田区神田神保町2-10
電話(03)3264-4973(代)・FAX(03)3239-2958
e-mail info@shin-yo-sha.co.jp
URL http://www.shin-yo-sha.co.jp/

印刷　株式会社 太洋社　　Printed in Japan

製本　株式会社 イマヰ製本

ISBN 4-7885-0853-2　C1011